Dietmar Thönnes
Hans-Werner Thönnes

Atempausen im Advent

Dietmar Thönnes
Hans-Werner Thönnes

Atempausen im Advent

Kurzandachten für zu Hause

Butzon & Bercker

Die Deutsche Bibliothek – CIP-Einheitsaufnahme

Ein Titeldatensatz für diese Publikation ist bei
Der Deutschen Bibliothek erhältlich.

verlags gruppe engagement

Das Gesamtprogramm
von Butzon & Bercker
finden Sie im Internet unter
www.engagementbuch.de

ISBN 3-7666-0467-8

Illustrationen: Maike Rathert, Hamburg
Gestaltung und Layout: Medien Team – Vreden
Druck und Bindung: Bercker Graphischer Betrieb, Kevelaer

Inhalt

Ein Wort zuvor

Liturgie für zu Hause – wie kann das gehen, wie sieht das aus?
In diesem Buch sind meditative Texte, Schriftlesungen, Gebete und Betrachtungen zusammengestellt. Um die 13 Kurzandachten aber nicht zu einem reinen Lesevergnügen zu machen, sind zu den jeweiligen Themen entsprechende Bilder zum Betrachten und Musikstücke zum Hören ausgesucht.

Die 13 Andachten können allein und zu Hause gefeiert werden. Die angezeigten Nummern entsprechen einer Musik (Orgel und Kammermusik) auf der beiliegenden CD. Während der Musik können Sie die Illustrationen betrachten und über die Bibeltexte nachdenken, die Predigten meditieren oder einfach Ihren Gedanken nachhängen, Pause machen und Atem schöpfen.

Schapdetten, am Johannistag 2002
Dietmar Thönnes

I

Selig ist, wer an mir keinen Anstoß nimmt

CD Nr. 4

E. Černyšev,
Choralimprovisation über
„Jesu, geh voran"

Gebet

Großer Gott,
wunderbar hast du in Jesus,
deinem geliebten Sohn, gewirkt.
Er hat Lahme zum Gehen bewegt,
er hat Blinden das Licht geschenkt,
er hat Aussätzige zurück
in die Gemeinschaft geholt.
Die Erzählungen und Berichte über sein Leben
geben mir Orientierung
und machen mir Mut.
Dein guter Geist begleite mich,
dass ich glaube,
das Andere anerkenne,
offen bin für das Leben.
Durch Jesus Christus sei dir,
Gott, der Lobpreis dargebracht
in Ewigkeit.
Amen.

Schriftlesung

nach Ps 91,1–9

Wer im Haus meines Gottes wohnt,
im Schatten des starken Herrn sich ausruht,
der sagt zum Herrn: Du bist meine Festung,
meine sichere Burg;
dir vertraue ich mich an, du bist mein Gott.
Du rettest mich aus allen Fallen,
aus den Schlingen und Fallstricken,
du ziehst mich aus dem Sumpf!
Wie unter Engelsflügeln finde ich Zuflucht bei dir,
du breitest deine Schwingen über mir aus
und beschützt mich.
Deine Treue hält mich
und gibt mir Geborgenheit.

Ich fürchte mich nicht vor dem Dunkel der Nacht,
vor den schleichenden Schatten.
Auch Worte wie Pfeile können mir nichts anhaben
und nicht die Worte des Verderbens.
Und wenn es tausend mal tausend sind,
die rechts und links von mir zu Grunde gehen
müssen,
mir wird das alles nicht schaden,
ich sehe, wie das Böse vergeht,
denn du bist Retter, Zuflucht und Schutz,
du, mein Gott, Allerhöchster!

CD Nr. 20

G. Ph. Telemann,
Partita II G-Dur,
Siciliana

Schriftlesung

Mt 11,2–11 nach Walter Jens

Als Johannes im Gefängnis von den Taten Christi erfuhr, schickte er seine Schüler zu ihm und ließ ihn fragen: „Bist du es, der kommen soll? Oder müssen wir auf einen anderen warten?"
Jesus antwortete ihnen: „Geht und erzählt Johannes, was ihr wahrgenommen habt: Die Blinden beginnen zu sehen. Die Lahmen gehen umher. Rein sind die Aussätzigen. Die Tauben hören. Aufgeweckt werden die Toten. Die Armen vernehmen die Botschaft: Gekommen ist der Anstößige: Wohl dem, der nicht stürzt über mich.

Was wolltet ihr sehen, in der Wüste, als ihr hinauszogt? Ein Schilfrohr, das der Wind bewegt? Was wolltet ihr sehen, als ihr hinauszogt? Einen Mann, gekleidet in weiche Gewänder? Weiche Gewänder trägt man im Königspalast! Warum zogt ihr hinaus? Um einen Propheten zu sehen? Ich sage euch: Ihr habt mehr als einen Propheten gesehen! Er ist es, von dem gesagt worden ist: Dieser mein Bote: Ich sende ihn aus. Er geht dir voran und ebnet, ehe du kommst, deinen Weg. Ich sage euch, und das ist wahr: Niemand ist aufgetreten, geboren von einer Mutter, der größer war als Johannes der Täufer. Aber der Kleinste im Reich der Himmel ist größer als er."

Meditation

In unseren Fragen wächst der Weg, auf dem der Messias kommt

Gibt es dich, Gott? Bist du da, auch jetzt? Kennst du mich? Oder: Gibt es einen anderen Retter für mich? Muss ich vielleicht woanders suchen?
Manchmal sitzen wir wie Johannes der Täufer im Gefängnis dunkler und quälender Fragen: Hält der brüchig gewordene Friede? Wird Terrorismus die Politik weiter bestimmen? Werden die Politiker Gewalt auf Gewalt folgen lassen und so den Strudel von Gewalttaten beschleunigen?
Manche spüren, wie solche Fragen sie unruhig machen. Der Glaube ihrer Kindertage, an den die Adventszeit sie stark erinnert, beeinflusst ihr Leben nicht mehr und er beantwortet ihre Fragen nicht. Bleibt die Stelle einfach leer, wo einmal „Erwartung" stand oder „Hoffnung" oder „Vorfreude"? Einfallstore für Fragen und für den Zweifel an Gott gibt es viele. Fast jeder könnte eine ganze Liste zusammenstellen. Wenn es doch einfacher wäre mit Gott und uns! Wenn doch klarer wäre, wo er zu finden ist. Wenn doch leichter zu erkennen wäre, was er für mein Leben bedeutet! Wenn die erlöste Welt und die Erlösung so eindeutig wären und so mächtig, dass sie uns einfach überwältigten. Dann könnten wir glauben! Überwältigt, übermächtigt vom Geheimnis Gottes, vom großen Gott selbst.
Aber: Wär's das?
„Zeig mir die erlöste Welt – dann will auch ich an ihn glauben!" Wenn Gott sich so eindeutig und so mächtig zeigte, könnte er dann nicht einfach alle überwältigen, die nichts wissen von der Überlieferung des jüdischen und christlichen Glaubens, die nicht zusammenbringen, was sie erleben und was sie von einem Gott hören, der ihnen persönlich zeitlebens fremd geblieben ist, die damit überfordert sind, wenn das Leben schwer wird, an einen Gott zu glauben, der gut ist und der alles gut gemacht hat – auch für sie.
Aber wäre das Gottes Weg? Wäre das der Weg

Gottes für die zweifelnden Zeitgenossen um uns herum und gegen den nagenden Zweifel in uns selbst? Was, wenn es gerade Gottes Eigenart wäre, sich unser nicht zu bemächtigen? Wenn es darum ginge, nicht uns und überhaupt keinen Menschen zu überwältigen. Wenn Gott sogar den Raum zur Verweigerung ließe und die Freiheit zur Entscheidung gegen ihn? Wäre das nicht Größe? Wäre das womöglich sogar sein Erkennungszeichen?
„Geht und berichtet Johannes, was ihr hört und seht: Blinde sehen wieder und Lahme gehen; Aussätzige werden rein und Taube hören; Tote stehen auf und den Armen wird das Evangelium verkündet." Johannes' Jünger sollen Augen- und Ohrenzeugen sein. Sie sollen ins Gefängnis hinein dem Johannes berichten, dass das Heil gekommen ist. Jesus macht sie auf starke Zeichen aufmerksam, auf Zeichen, so scheint es, die über jede Frage und über jeden Zweifel erhaben sind; auf Zeichen, die ganz in der Tradition des Propheten Jesaja stehen, der den rettenden Gott am Ende der Zeiten kommen sieht. Alle Zeichen stehen auf Rettung. Die Heilszeit fängt an. Der Retter ist da! Was gibt es da noch zu fragen! Wo wäre da noch Platz für Unsicherheit!
„Blinde sehen wieder und Lahme gehen; Aussätzige werden rein und Taube hören; Tote stehen auf und den Armen wird das Evangelium verkündet." Damit werden die Boten den Täufer allerdings in Unruhe versetzt haben und sie werden ihn ans Fragen gebracht haben: Sollte denn nicht zuerst das Gericht Gottes über die Welt kommen? War Barmherzigkeit tatsächlich das Kennzeichen des Gottgesandten, mit dem er rechnete? Wies die Verkündigung des Evangeliums an die Armen wirklich den Messias aus?
Vielleicht hat Johannes seine Jünger zweifelnd und mit vielen Fragen im Hinterkopf angesehen. Merk-

würdig: Diese Unsicherheit eingeschlossen, diese Fragen mitbedacht – ist er nach der biblischen Überlieferung der Wegbereiter für den Messias geworden. Ausgerechnet so! Und Matthäus sagt obendrein: Er ist mehr als ein Prophet. Er ist einer mit einzigartiger Bedeutung im Hinblick auf Jesus von Nazaret, den Messias: Er ist der Bote, der vor ihm her gesandt ist, um ihm den Weg zu bereiten. Ausgerechnet dieser Johannes bekommt für sich selbst keine größere Sicherheit als das Zeugnis seiner Jünger, die mit der Antwort Jesu zu ihm ins Gefängnis zurückkommen. Nur, wenn er ihnen und ihrem Zeugnis vertraut, nur dann sind seine Fragen beantwortet. Vielleicht hat ihn ja eine Ahnung erfasst, dass mit den Zeichen des Heils auch die Zeit des Heils gekommen ist! Vielleicht ist in ihm die Gewissheit gewachsen, dass die Hinweise Jesu eindeutiger vom Gott Israels sprechen als ein klares Ja oder Nein! Oder Johannes war am Ende selbst fasziniert von einem Messias, dem Rettung vor Gericht geht und Heil vor Verurteilung. Ich weiß es nicht. Jedenfalls steht er am Ende, an seinem Ende, als der Bote und der Wegbereiter schlechthin für diesen Messias da.

„Zeig mir die erlöste Welt – dann will auch ich an ihn glauben!" Eigenartig – womöglich sogar die Eigenart unseres Gottes: In der Unsicherheit des Fragens tut sich das Ohr für die Botschaft auf. Und in den Fragen selbst wächst der Weg für einen Messias, der keinen überwältigt, der aber gerade so das Leben heilt.

CD Nr. 21

G. Ph. Telemann,
Partita II G-Dur,
Aria 2, Allegro

Segensgebet

Gott der Güte und des Erbarmens,
du bist anders, als ich dich erwarte,
du bist der ganz Andere.
Auch wenn ich dich nur ahne,
nur versuchen kann, deine Gegenwart zu spüren,
so weiß ich doch: Du bist da,
du bist bei mir.
Öffne meine Augen, dass ich wahrhaftig sehe,
heile meine Lähmungen, dass ich glaubhaft handle,
und sei mit deinem Segen immer bei mir,
dass ich dir mutig und stark entgegeneile.
Segne mich, du großer Gott,
du Vater, Sohn und Heiliger Geist.
Amen.

2

Ausweg aus der Wüste?

CD Nr. 12

A. Vivaldi,
Sonate d-Moll,
Adagio

Lied

nach Ps 70

Ach Gott,
komm zu mir,
eile herbei,
dass du mir helfen kannst!
Schämen sollen sie sich und ihr Ansehen verlieren,
die meinem Innersten Böses wollten.
Zurückprallen
und vom Thron ihrer Selbstsicherheit stürzen
sollen die, die Lust verspürten an meiner Not.
Die Gottsucher aber,
die Menschen, die sich in Stille und Freude auf den
Weg zu dir machen,
sie sollen in dir ihre Erfüllung finden.
Alle, die das Leben in dir suchen,
sollen jubeln:
Groß ist Gott!

Ich aber bin hier gebeugt
und ich brauche dich.
Komm zu mir!
Eile herbei!
Lass mich nicht länger allein:
Du, Gott,
Retter,
Heiland!

Gebet

Gott, Vater im Himmel,
du verlässt mich nicht,
niemals vergisst du mich.
Stärke meinen Glauben an deine Nähe,
damit die täglichen Sorgen mich nicht erdrücken
und ich dir und den Menschen dienen kann.
Darum bitte ich dich durch Jesus Christus,
deinen Sohn,
der in der Einheit des Heiligen Geistes
mit dir lebt und wirkt in Ewigkeit.
Amen.

Schriftlesung

Jes 40,1–5.9–11

Tröstet, tröstet mein Volk, spricht euer Gott. Redet Jerusalem zu Herzen und verkündet der Stadt, dass ihr Frondienst zu Ende geht, dass ihre Schuld beglichen ist; denn sie hat die volle Strafe erlitten von der Hand des Herrn für alle ihre Sünden. Eine Stimme ruft: Bahnt für den Herrn einen Weg durch die Wüste! Baut in der Steppe eine ebene Straße für unseren Gott! Jedes Tal soll sich heben, jeder Berg und Hügel sich senken. Was krumm ist, soll gerade werden, und was hügelig ist, werde eben. Dann offenbart sich die Herrlichkeit des Herrn, alle Sterblichen werden sie sehen. Ja, der Mund des Herrn hat gesprochen.

Steig auf einen hohen Berg, Zion, du Botin der Freude! Erheb deine Stimme mit Macht, Jerusalem, du Botin der Freude! Erheb deine Stimme, fürchte dich nicht! Sag den Städten in Juda: Seht, da ist euer Gott. Seht, Gott der Herr kommt mit Macht, er herrscht mit starkem Arm. Seht, er bringt seinen Siegespreis mit: Alle, die er gewonnen hat, gehen vor ihm her. Wie ein Hirt führt er seine Herde zur Weide, er sammelt sie mit starker Hand. Die Lämmer trägt er auf dem Arm, die Mutterschafe führt er behutsam.

Meditation

Ausweg aus der Wüste?

Ein moderner Mensch verirrt sich in der Wüste. Die Sonne scheint unbarmherzig auf ihn nieder. Da sieht er in einiger Entfernung eine Oase. Aha, sagt er sich, eine Fata Morgana, eine Luftspiegelung. In Wirklichkeit ist da gar nichts. Beim Weitergehen verschwindet aber die Oase nicht. Immer deutlicher sieht er die Dattelpalmen und er sieht sogar daneben das Wasser blitzen. Das kann nur eine Hungerphantasie sein, die mir mein ausgedörrtes Gehirn vorzaubert, denkt er. Als er noch einige Schritte weitergeht, bleibt er stehen und ruft: Jetzt höre ich sogar das Wasser sprudeln. Eine Gehör-Halluzination. Ah, wie kann doch die Natur grausam sein. Kurze Zeit darauf finden ihn zwei Beduinen tot im Sand liegen. Der Mann ist verhungert und verdurstet, sagt der eine, dabei wachsen da drüben saftige Datteln und fließt daneben das Wasser der Quelle. „Verstehst du das?", fragt er. Da antwortet der andere: „Er war ein moderner Mensch."
Die Wüste ist das Schicksal des modernen Menschen. Er verspinnt sich in seine Ideen. Er traut der sich zeigenden Wirklichkeit nicht. Er lässt sich nicht auf Winke ein und auf Hinweise, die ihm aus seiner Wüste den Ausweg weisen. Er steckt voll Misstrauen gegenüber den Wegen, die ihm als Ausweg gewiesen werden. Sie könnten ja Irrwege sein. Sie könnten Fluchtwege sein. Da zieht er es vor, in seiner Wüste umzukommen.
Und Wüste erleben wir jeden Tag. Schlechte Erfahrungen mit anderen Menschen, erlittene Enttäuschungen führen zu dauerndem Misstrauen und schließlich zu abgrundtiefer Einsamkeit.
Das sind die Gesichter unserer Wüste: Einsamkeit, Misstrauen, Sinnlosigkeit und Zwecklosigkeit, Verlust Gottes und dadurch auch Verlust der Zukunft. Diese Wüste hat keine Wege, die mühelos als Auswege begangen werden könnten.
Wir brauchen die Ermahnung eines Rufers in der Wüste: Bereitet dem Herrn den Weg! Ebnet ihm die Straßen! Das heißt: Bindet euch an Gott und lasst euch seine Treue schenken. Erst wenn wir diese Bindung wagen, werden wir erkennen, dass da-

durch unser ganzes Leben einen neuen Sinn und eine neue Richtung gewinnt. Wir verlieren nichts, sondern wir gewinnen neu das Ziel unseres Lebens und damit auch den Weg aus der Sinnlosigkeit.
Wer weiß, dass er zu Gott gehört, der weiß, dass Gott seine Zukunft ist, eine Zukunft, die wir auch dann noch haben, wenn wir dieses Leben zu Ende gelebt haben. Diese Wirklichkeit macht uns frei davon, ständig sorgenvoll ums Hier und Jetzt zu kreisen. Und wer aus dem Kreis heraustritt, der kann endlich weitergehen. Der Weg im Kreis führt bekanntlich nirgendwohin. Wir brauchen auch die Ermahnung des Rufers, der uns sagt: Bekehrt euch, damit eure Sünden vergeben werden. Nichts ist im Letzten so unehrlich wie die Haltung: Ich sündige doch gar nicht. Oft heißt das: Ich mache mir nicht die Mühe, mein Leben vor dem Angesicht Gottes zu bedenken. Deswegen fühle ich mich fehlerfrei. Ich verschließe die Augen vor der Wüste meines Lebens und sage zu mir selbst: Mir geht es doch tadellos! Der moderne Mensch stirbt daran, dass er die Wirklichkeit nicht mehr ernst zu nehmen vermag. Auch wer seine Schuld nicht mehr ernst nimmt, stellt sich nicht der Wirklichkeit seines Lebens. Die einen laufen dann ständig vor sich selbst weg, die anderen werden krank.
Wir brauchen den Rufer, der uns die Augen öffnet für die kommende Herrlichkeit Gottes. Wir brauchen den Künder der Zukunft Gottes, damit wir unser Leben bestehen können, damit wir nicht umkommen in der Wüste.
Das Volk Israel hat die Gefangenschaft in Babylon überlebt, weil die Propheten seinen Blick auf die herrliche Zukunft Gottes gelenkt haben. Ob unsere Zeit solche Propheten haben wird? Ob sich unsere Ohren und Herzen öffnen werden? Mit ihrer Hilfe könnten wir den Weg finden und den Weg bereiten für den, der kommen soll, für den, auf den wir im Stillen warten.

CD Nr. 13

A. Vivaldi,
Sonate d-Moll,
Allegro

Gebet

Herr und Gott,
dein Sohn kommt mir entgegen,
wenn ich die Propheten und Künder höre.
Er ist für mich das Zeichen deiner Nähe.
Er ist deine rettende Hand,
die mich über Wasser hält.
Lass mich nicht untergehen,
wenn Ängste und Zweifel kommen.
Ermutige mich,
in der Nachfolge deines Sohnes
immer weiterzugehen.
Darum bitte ich durch ihn,
Jesus Christus, den Herrn.
Amen.

Segen

Gott, Vater und Schöpfer alles Guten,
gib mir die Kraft, immer wieder
deinem Ruf zu folgen,
und schenke mir Treue zu deinem Wort.

Begleite mein Leben und Arbeiten
mit deinem Geist,
damit ich Zeugnis von der göttlichen Liebe gebe.

Christus, auf den ich meine Zukunft baue
und alle Hoffnung setze,
sei die Erfüllung am Ende meiner Tage.

So segne und behüte mich der allmächtige Gott,
der Vater und der Sohn und der Heilige Geist.
Amen.

3

Wo einer von uns Gott entdeckt

Gebet

Gott,
du bist wie ein Winzer,
dein Sohn Jesus ist der Weinstock,
an dem ich wie ein Rebzweig hänge.
Aus ihm kommt mir Nahrung,
er hält mich nahe bei sich, wenn Sturm und Regen
an mir zerren.
Öffne meine Sinne für deine Botschaft
und lenke in der Bedrängnis meine Gedanken.
Stärke mich,
dass ich reiche Frucht bringe.
Dir sei der Lobpreis und die Ehre in Ewigkeit.
Amen.

CD Nr. 19

J. S. Bach,
Choralvorspiel „Jesu, meine Freude",
BWV 610

Schriftlesung

Joh 15,1–8 nach Walter Jens

„Ich bin der Weinstock.
Ich – und kein anderer unter den Juden! –
und mein Vater ist der Weingärtner.
Er schneidet die Schösslinge ab,
die verrottet und nicht Frucht bringend sind,
die Reben aber, die Frucht bringen,
pflegt er mit Sorgfalt
und reinigt sie alle, der Winzer,
um sie noch reicher zu machen.
Ihr aber seid schon rein,
wie der Frucht bringende Schössling,
rein durch das Wort, das ich euch sagte.
Darum bleibt in mir: Ich bleibe in euch.
Denkt an die Reben!
Wie der Schössling nicht Frucht aus sich selbst
bringen kann
– ohne den Weinstock, der ihn trägt –,
so schafft auch ihr keine Frucht,
sobald ihr mich loslasst:
Allein, ohne mich, seid ihr dürr.
Ich: der Weinstock, ihr: die Reben.

Reich ist die Lese, wenn ihr mich umfangt,
so wie auch ich euch umfange.
Ohne mich aber werdet ihr unfruchtbar sein.
Wer nicht bei mir bleibt
und allein sein will: nur für sich selbst,
der wird weggeworfen wie ein nutzloser Zweig,
wird auf andere Zweige gehäuft,
die dürr sind wie er,
wird angezündet und im Feuer verbrannt.
Nur wenn ihr in mir wohnt und mir vertraut,
dem Weinstock, der die Rebe Frucht bringen lässt,
und meine Worte in euch sind,
dann dürft ihr erbitten, was immer ihr wollt:
Es wird euch zuteil,
es ist euer.
Ehre und Ruhm meinem Vater,
der verherrlicht,
wenn euer Werk reiche Frucht bringt:
ein Zeichen, dass ihr zu mir gehört,
ihr, meine Schüler.

Meditation

… dass ich dahin gehe, wohin der Wille Gottes weist

„Mir steht noch immer brennend das letzte Wort in der Seele: ‚Vater, wohin gehst du?' (So) frug mich die kleine Leni, als ich am 12.8. aus dem Hause ging. Es war das letzte Wort, das ich von einem von Euch hörte. Erinnert wurde ich in meinen Gedanken oft daran, aber ich weiß auch, dass ich dahin gehe, wohin der Wille Gottes weist."[1]
Das schreibt ein Vater von sieben Kindern nur wenige Tage nach seiner Verhaftung und gut vier Monate vor seiner Hinrichtung. Verstehen Sie, wie Nikolaus Groß diesen Weg bewusst gehen konnte? Erfassen wir heute noch, was diesen Familienvater so sehr bewegt hat, dass er sich auf den Widerstand gegen ein politisches System einließ, das jederzeit bereit war, Menschen zu vernichten? In unser Bild vom Leben, das gelingen soll, passt sein Weg zumindest auf den ersten Blick nicht hinein. In eine Gesellschaft, die einfach nur Spaß haben will, passt dieser Mann mit seinen hohen moralischen Maßstäben gewiss nicht. Zu einer Haltung, die das Private und das persönliche Glück über alles setzt, steht dieser Mann absolut quer.

Nikolaus Groß setzt sich ein: Er kann nicht schweigen, er macht sich angreifbar, er riskiert sein Leben. Er muss das Übel und das Unrecht beim Namen nennen – egal, wie hoch der Preis dafür ist. Er leiht denen seine Stimme, die verstummt sind, und er schreibt als Journalist gegen die nationalsozialistische Propaganda. Er tritt für die Übergangenen und für die Missachteten ein. Als KAB-Sekretär versucht er, den Verein zur Stütze für die werden zu lassen, die als Christen in der Gesellschaft und schließlich im Widerstand Rückendeckung brauchen.
Man muss Gott mehr gehorchen als den Menschen. Er selbst sagt: „Wenn von uns etwas verlangt wird, was gegen Gott oder gegen den Glauben geht, dann dürfen wir nicht nur, sondern müssen wir den Gehorsam ablehnen."[2] Seine Aktivität im Widerstand machte Nikolaus Groß zum Feind

1) Aretz, Jürgen (Hg.), Nikolaus Groß. Christ – Arbeiterführer – Widerstandskämpfer. Briefe aus dem Gefängnis, Mainz 1993, S. 57.
2) Groß, Bernhard (Hg.), Unter heiligen Zeichen. Glaubenslehre von Nikolaus Groß 1943. Manuskript maschinenschriftl., 2. Aufl. 1991, S. 31.

der Machthaber und brachte ihm den Tod. „Er schwamm mit im Verrat, muss folglich auch darin ertrinken", schreit Roland Freisler, der Präsident des Volksgerichtshofes in Berlin. – „Wenn wir heute nicht unser Leben einsetzen, wie wollen wir dann vor Gott und unserem Volke einmal bestehen?" Das ist die Frage, die Nikolaus Groß bewegt und die ihn in den Widerstand bringt. Gott treibt ihn um und die Verantwortung eines Christen in der Gesellschaft drängt ihn.

Am 7. Oktober 2001 wurde Nikolaus Groß in Rom selig gesprochen. Der Märtyrer wurde gefeiert. Tausende feierten mit. „Er ist einer von uns!" Ist er das wirklich noch? Einer von uns? Oder haben wir katholische Christen uns von ihm entfernt und von dem, was ihn bewegte und bedrängte?
Die Zeiten haben sich geändert. Gott sei Dank. Darüber können wir nur froh sein. Diese alten Zeiten kann sich niemand mehr zurückwünschen und kein Mensch darf sie heute „gute alte Zeiten" nennen.

Heute ist vieles anders: Wir dürfen frei unsere Meinung sagen. Wir können uns ungehindert zusammenschließen. Der Verband der KAB darf ohne Einschränkungen tätig sein. Niemand von uns wird bespitzelt und keiner wird angezeigt. Niemand ist bedroht wegen seiner religiösen Einstellung oder wegen seiner politischen Äußerungen und keiner läuft Gefahr, dass er verhaftet und von seiner Familie getrennt wird, wenn er Glaubensfreiheit und Gewissensfreiheit anmahnt. Die Zeiten sind anders und wir sind mit ihnen andere Menschen geworden.
Manchmal sehen wir erstaunt und vielleicht sogar mit einem Gefühl von Ohnmacht, dass das nicht nur äußerlich geschehen ist. Wir sind auch von innen heraus andere Menschen geworden, Menschen mit anderen Vorstellungen von dem, was uns wertvoll und kostbar ist. Das klingt oft an oder es schwingt ganz einfach mit, wenn jemand sagt: „Ich denke jetzt erst einmal nur an mich." Oder: „Wenn es mir gut geht, dann ist mir alles andere egal."

Oder: „Wir gönnen uns jetzt erstmal was. – Das Leben soll uns schließlich Spaß machen." Oder: „Politik? – Gehen Sie doch weg, die Politiker denken sowieso nur an sich – und mich interessiert das Ganze nicht! Damit will ich nichts zu tun haben!" Vielleicht sagen wir selbst ja manchmal auch so etwas. Manche sagen über die Verbindung mit Gott: „Wir sind nicht mehr so fromm wie die Leute früher!" Oder mit ein bisschen Hilflosigkeit: „So richtig beten, das kann ich schon gar nicht mehr." – „Als es uns noch schlechter ging, da fiel mir das leichter. Not lehrt eben beten." Oder auch: „Heute wissen wir mehr, da glaubt man nicht mehr so recht an Gott."
Ist Nikolaus Groß uns damit fremd und unerreichbar geworden? Ich bin sicher, so ist das nicht. Der KAB-Sekretär und Journalist, der Familienvater und Märtyrer steht für eine vitale Verbindung mit Gott, die uns ganze Dimensionen des Lebens neu erschließen kann. Der Weg dazu führt nach innen und den können wir durchaus gehen.

Wie stark werden Frauen und Männer eingeschätzt, die klar ihren Standort beschreiben. Schon jede Talkshow lebt von denen, die sich klar positionieren. Die geben dem Ganzen erst den Pfiff! Wie viel mehr Geschmack am Leben können Menschen in unserer Gesellschaft vermitteln, die wissen, wo sie selbst stehen, und denen Gott etwas bedeutet. Wie wichtig sind Frauen und Männer, die sagen können, woraus sie ihre Kraft schöpfen und die sich ihre Überzeugung etwas kosten lassen. Wer um Gott ringt, wer Gott entdeckt, für wen das Evangelium eine Kraft wird, der kann sich einfach nicht mehr mit Stammtischparolen begnügen und dem sind die glatten und schnellen Lösungen immer zu billig. Wer glaubt, der ist so frei, nicht in jeden Modetrend einsteigen zu müssen.

Wir brauchen Christen, die Stellung beziehen: zu den Benachteiligten im Beruf und zu den Menschen, die als Fremde zu uns gekommen sind oder die keiner ernst nimmt, zum Lebensrecht von Kranken und Ungeborenen und Alten und Ungeliebten; die über das hinausdenken und hinaussehen, was gerade von allen gesagt und gedacht und getan wird. Der Forscher, der an Gott glaubt, sieht die Wirklichkeit anders vor dem Hintergrund „Gott". Er wird respektvoller mit der Schöpfung umgehen, die nicht sein Eigentum ist, und er wird vorsichtiger sein, wenn er die Folgen seiner Arbeit bedenkt, die eben nicht allein in Geld zu berechnen sind. Eltern, die sich als Jünger Jesu sehen, vermitteln andere Werte als den schnellen Genuss. Frauen und Männer mit der Frage nach Gott und mit dem Wunsch, Gott ernst zu nehmen, werden eine neue Zuversicht leben können – gegen Müdigkeit und Resignation in ihrem Umfeld. Diese Glaubenden, diese geistlichen Menschen, sie werden mehr dazu beitragen, unsere Gesellschaft und unsere Zeit zu verändern als die Macher, die uns den schnellen Gewinn versprochen haben.

Ist Nikolaus Groß weit weg? – Der direkte Weg zu Nikolaus Groß führt über Gott! Der Weg ist kürzer, als wir denken, und er wird uns freier machen, als wir je zu hoffen gewagt hätten. Ganz am Anfang steht die schlichte Frage, wohin der Wille Gottes uns weist. Die aber hat es in sich.

Bitten

Jesus Christus hat verheißen: Wer in ihm wohnt und ihm vertraut und in wem seine Worte sind, der darf sich erbitten, was immer er will: Es wird ihm zuteil, es ist sein. Im Vertrauen auf diese Worte bitte ich dich, du verheißener Retter:

Du hast gesagt: Ich bin der Weinstock und mein Vater ist der Weingärtner.
Lass mich reiche Frucht bringen als Rebe an deinem Weinstock.

Du hast gesagt: Bleibe in mir: Ich bleibe in dir.
Erschließe mir deine Nähe, wenn ich zweifle.

Du hast gesagt: Sobald du mich loslässt, bist du allein, ohne mich bist du dürr.
Öffne mich für das Frohe deiner Botschaft.

Du hast gesagt: Wer nicht bei mir bleibt, der wird weggeworfen wie ein nutzloser Zweig.
Begleite mich am Ende meines Lebens in dein Reich der Himmel.

Dank sei dir, Jesus Christus, denn du bist meine Hoffnung und meine Zukunft in Ewigkeit.
Amen.

CD Nr. 16

G. F. Händel,
Sonate C-Dur,
Larghetto, Allegro

Gebet

Guter Gott,
wie der Schössling nicht Frucht aus sich selbst bringen kann,
so trage auch ich keine Frucht,
wenn ich dich loslasse.
Allein, ohne dich, bin ich dürr.
Du, Gott, bist der Weinstock,
ich bin wie eine Rebe an dir.
Schenke mir Wachstum und Kraft,
dass die Trauben der Güte und
Menschenfreundlichkeit an mir gedeihen.
Darum bitte ich dich durch Jesus Christus,
deinen Sohn, unseren Herrn und Bruder,
der mit dir und dem Heiligen Geist
lebt in Ewigkeit.
Amen.

Segen

Du Gott, Gütiger,
sei mit deinem Segen bei mir alle Tage
meines Lebens.
Du Gott, Jesus Christus,
begleite meine Wege, deren letztes Ziel
du selber bist.
Gott, Heiliger Geist,
durchflute mich, dass ich zur Rebe werde,
die reiche Frucht bringt.
Amen.

4

Die Zeit der Quereinsteiger

CD Nr. 1

E. Černyšev,
Choralimprovisation über
„Nun danket alle Gott"

Gebet

Gott,
du Urgrund meines Seins!
Dein Sohn ist Leben,
er ist das Leben für die Welt.
Ihn zu empfangen,
in ihm zu denken,
seinen Geist zu durchwandern
ist mein Weg.
Öffne meine Ohren für sein Wort,
öffne mein Empfinden für seine Güte,
mach mich offen für die andern,
deren Existenz mich braucht,
deren Leben nach mir schreit.
Dank sei dir, Gott Vater,
für deinen Sohn,
der sich mir immer wieder schenkt,
in dessen Spuren ich gehen kann
alle Tage meines Lebens.
Amen.

Psalm

nach Teilen von Ps 104

Meine Seele, lobe den Herrn!
Mein Gott, wie groß bist du,
unaussprechlich groß und hoheitsvoll.
Das Licht ziehst du an wie ein Kleid,
wie ein Zelt spannst du die Himmelsplane
über die Erde.
Die Wolken sind deine Wagen,
auf den Flügeln der Winde segelst du dahin.
Der Sturm ist dein Bote und
dir dient das gewaltige Feuer.
Auf mächtige Pfeiler hast du die Erde gestellt,
in alle Ewigkeiten wird sie nicht erschüttert.
Herr, so vielfältig und zahlreich sind deine Werke,
so schön und unendlich weise gemacht.

Deine Huld und Güte währen ewig;
alle Geschöpfe sollen sich an deinen
Werken erfreuen.
Ich will dir, meinem Gott, singen und spielen,
solange dein Atem mich durchflutet,
solange die Sonne mich bescheint
und ich im Schatten des Herrn, meines Gottes,
ausruhen darf.

Schriftlesung

Joh 6,51–58 nach Martin Luther

Ich bin das lebendige Brot, vom Himmel gekommen. Wer von diesem Brot essen wird, der wird leben in Ewigkeit. Und das Brot, das ich geben werde, ist mein Fleisch, welches ich geben werde für das Leben der Welt. Da zankten die Juden untereinander und sprachen: Wie kann dieser uns sein Fleisch zu essen geben? Jesus sprach zu ihnen: Wahrlich, wahrlich ich sage euch: Werdet ihr nicht essen das Fleisch des Menschensohnes und trinken sein Blut, so habt ihr kein Leben in euch. Wer mein Fleisch isset und trinket mein Blut, der hat das ewige Leben und ich werde ihn am Jüngsten Tag auferwecken. Denn mein Fleisch ist die rechte Speise und mein Blut ist der rechte Trank. Wer mein Fleisch isset und trinket mein Blut, der bleibt in mir und ich in ihm. Wie mich gesandt hat der lebendige Vater und ich lebe um des Vaters willen, also, wer mich isset, der wird auch leben um meinetwillen. Dies ist das Brot, das vom Himmel gekommen ist; nicht, wie eure Väter haben Manna gegessen und sind gestorben: Wer dieses Brot isset, der wird leben in Ewigkeit.

CD Nr. 17

G. F. Händel,
Sonate C-Dur,
Larghetto, A tempo di Gavotti

Schriftlesung

Lk 7,36 – 8,3

Jesus ging in das Haus eines Pharisäers, der ihn zum Essen eingeladen hatte, und legte sich zu Tisch. Als nun eine Sünderin, die in der Stadt lebte, erfuhr, dass er im Haus des Pharisäers bei Tisch war, kam sie mit einem Alabastergefäß voll wohlriechendem Öl und trat von hinten an ihn heran. Dabei weinte sie und ihre Tränen fielen auf seine Füße. Sie trocknete seine Füße mit ihrem Haar, küsste sie und salbte sie mit dem Öl. Als der Pharisäer, der ihn eingeladen hatte, das sah, dachte er: Wenn er wirklich ein Prophet wäre, müsste er wissen, was das für eine Frau ist, von der er sich berühren lässt; er wüsste, dass sie eine Sünderin ist. Da wandte sich Jesus an ihn und sagte: Simon, ich möchte dir etwas sagen. Er erwiderte: Sprich, Meister! Jesus sagte: Ein Geldverleiher hatte zwei Schuldner; der eine war ihm fünfhundert Denare schuldig, der andere fünfzig. Als sie ihre Schulden nicht bezahlen konnten, erließ er sie beiden. Wer von ihnen wird ihn nun mehr lieben? Simon antwortete: Ich nehme an, der, dem er mehr erlassen hat. Jesus sagte zu ihm: Du hast Recht. Dann wandte er sich der Frau zu und sagte zu Simon: Siehst du diese Frau? Als ich in dein Haus kam, hast du mir kein Wasser zum Waschen der Füße gegeben; sie aber hat ihre Tränen über meinen Füßen vergossen und sie mit ihrem Haar abgetrocknet. Du hast mir zur Begrüßung keinen Kuss gegeben; sie aber hat mir, seit ich hier bin, unaufhörlich die Füße geküsst. Du hast mir nicht das Haar mit Öl gesalbt; sie aber hat mir mit ihrem wohlriechenden Öl die Füße gesalbt. Deshalb sage ich dir: Ihr sind ihre vielen Sünden vergeben, weil sie mir so viel Liebe gezeigt hat. Wem aber nur wenig vergeben wird, der zeigt auch nur wenig Liebe. Dann sagte er zu ihr: Deine Sünden sind dir vergeben. Da dachten die anderen Gäste: Wer ist das, dass er sogar Sünden vergibt? Er aber sagte zu der Frau: Dein Glaube hat dir geholfen. Geh in Frieden!

In der folgenden Zeit wanderte er von Stadt zu Stadt und von Dorf zu Dorf und verkündete das Evangelium vom Reich Gottes. Die Zwölf begleiteten ihn, außerdem einige Frauen, die er von bösen Geistern und von Krankheiten geheilt hatte: Maria Magdalene, aus der sieben Dämonen ausgefahren waren, Johanna, die Frau des Chuzas, eines Beamten des Herodes, Susanna und viele andere. Sie alle unterstützten Jesus und die Jünger mit dem, was sie besaßen.

Meditation

Jesus berühren

Auf den ersten Blick ist alles wie jedes Jahr. Die Katholiken feiern mit Bischof Hubert Luthe auf dem Burgplatz die Heilige Messe. Anschließend ziehen sie in großer Prozession durch die Essener Innenstadt. Das Bild ist bunt wie immer an diesem Tag: Alte und Junge nehmen teil, Kommunionkinder, Gruppen fremdsprachiger Katholiken mit farbenfrohen Trachten, Ehrengarden aus der Stadt, Priester in Festgewändern – alle folgen dem Prozessionsweg. Die Katholiken der Stadt sind vor die Tür gegangen.

Christus lässt sich mit den Christen auf den Straßen der Stadt sehen und sie zeigen sich mit ihrem Herrn. Für fast drei Stunden werden die alltäglichen Wege zur Prozessionsstraße, zum Ort für den Gottesdienst. Auf den Straßen und auf den Plätzen wird Jesu Nähe zu den Menschen begangen. „Dass wir Christus empfangen dürfen und dass er unserem Herzen nahe ist" – darauf kommt es an diesem Tag an. Christus lässt sich berühren, lässt Menschen an sich heran.

Wir dürfen uns religiös äußern, dürfen uns christlich äußern – im wahrsten Sinne des Wortes. In unserer Gesellschaft ist das möglich. Manche nehmen das nur hin. Viele lassen es respektvoll gelten. Eine Prozession mit Gebet für alle Menschen in dieser Stadt ist etwas Gutes. Ein Segen, erbeten für alle, die hier leben – das ist gut.

Wer mitgeht, gehört dazu. Am Weg stehen viele und verfolgen das Geschehen. Sind sie auch dabei? Gehören sie mit dazu? Die kleinen Szenen am Rande haben ein eigenes Gesicht. Sie erschließen sich erst auf den zweiten Blick, wenn man genauer hinsieht. Ältere stehen da, denen der ganze Weg einfach zu mühsam wäre. Sie beten und sie singen mit, sie nehmen auf ihre Weise an der Fronleichnamsfeier teil. Jeder sieht, dass sie dazugehören. Sie sind mit den kirchlichen Formen vertraut, machen das Kreuzzeichen, versuchen eine Kniebeuge, wenn die Monstranz vorübergetragen wird.

Dann sind da noch andere. Hinter Gardinen, die sich leicht bewegen, halb zum Fenster herausgelehnt, mit dem Hund auf der Straße oder mit dem Fahrrad unterwegs. Sie schauen kurz auf, blicken einer Gruppe in der Prozession nach, sehen auf die Ehrengarde, den Himmel und den Priester mit der Monstranz. Was sie wohl denken?

An einer Straßenecke steht ein Vater mit zwei Kindern, die ihm wie aus dem Gesicht geschnitten sind und die alles sehen wollen: „Was machen die da? Was ist das? Wohin gehen die?" Der Vater erklärt geduldig, was geschieht. Er wirkt aufmerksam und konzentriert. Mir wird klar: Damit hatte ich gar nicht gerechnet. Dass heute Eltern so auf ihre Kinder eingehen und sie mitnehmen. Diese Kinder lernen zu sehen und dürfen staunen, vielleicht werden sie einmal glauben!

Mein Blick ist allerdings an einer Szene hängen geblieben, die mir nachgegangen ist: Vor einem Hotel sitzen auf Stühlen der Portier und eine Frau, die wohl im Hotel arbeitet. Er im grauen Anzug, sie im hellen Kittel, eine Reinigungskraft vermutlich. Als die Sakramentsgruppe näher kommt, bleibt er sitzen, die Beine leger übereinander geschlagen. Sie steht auf, geht drei, vier Schritte zur Seite und kniet sich auf den Steinboden, die Hände gefaltet. Er blickt kurz, sichtlich verwundert, zur Seite. Das hatte er wohl nicht von ihr gewusst. Er hätte es vielleicht auch nicht vermutet. Ich gestehe: Diese Frau hat mich beeindruckt. Wie sie in aller Öffentlichkeit niederkniet. Für einen Augenblick scheint sie alles um sich herum zu vergessen. Was wohl in ihr vorgegangen sein mag? Ich bin ziemlich sicher, diese Frau hat Jesus berührt. Sie hat ihn an diesem Morgen erreicht.

Ob sich hier nach fast 2 000 Jahren am Rande der kirchlichen Fronleichnamsfeier wieder einmal ereignet hat, wovon das Lukasevangelium ähnlich berichtet? Da kommt jemand an Jesus heran, mit dem eigentlich keiner rechnet. Am wenigsten die, die gerade am meisten mit ihm beschäftigt sind. Gerade das Lukasevangelium erzählt oft davon, wie unkonventionell der Umgang Jesu ist. Von überall her kommen Menschen herbei, um ihn zu hören und zu sehen; zu ihm kommen Menschen, die ihn berühren möchten und aus den verschiedensten Gründen seine Nähe suchen. Die ihn brauchen, dürfen nach ihm greifen und sie dürfen sich an ihm festhalten. Die ihn am meisten nötig haben, können ihm ihre Nöte überlassen.

Ich spüre jedenfalls Fragen an mich: Hast du eigentlich damit gerechnet, dass es die Quereinsteiger gibt? Hast du mit diesen verschiedensten Menschen am Rande gerechnet, die Jesu Nähe entdecken oder ahnen? Der Vater mit seinen Kindern, die Angestellte vom Hotel und wer weiß wer hinter einer Gardine und an einem offenen Fenster? Wer sagt uns denn, dass nur die an Jesus herankommen, die auf den ersten Blick als Teilnehmende zu erkennen sind? Wer könnte überhaupt beurteilen, wie viel am Rande passiert?

Manchmal denke ich: Es ist ein Zeichen unserer Zeit, dass wir Christen älter werden und immer weniger, dass unsere Kirche kleiner wird und wir fürchten, wir könnten an Einfluss und Ansehen verlieren. Dann wieder sehe ich: Es ist auch ein Zeitzeichen, dass sich Entscheidendes am Rande und ganz unauffällig tut. Es gibt Menschen, die entdecken Jesus vom Rande her und kommen auf ungeahnten Wegen an ihn heran. Vielleicht brauchen wir eine neue Aufmerksamkeit für die Quereinsteiger, mit denen wir schon gar nicht mehr gerechnet haben und für die unkonventionelle Umgebung eines Jesus, der sich durch die Straßen tragen lässt und der sich finden und berühren lässt und der so gerne die Grenzen sprengt und die Frommen überrascht.

Segensgebet

Gott der Ewigkeit,
dein Sohn ist das Brot,
das vom Himmel gekommen ist;
er ist das Leben für die Welt.
Gott, Vater,
sei mit deinem Segen bei mir und begleite mich.
Herr, Jesus Christus,
Sohn des Leben spendenden Gottes,
lass mich die Not der Menschen sehen
und ihnen helfen.
Gott, Heiliger Geist,
durchwirke mein Leben mit deinem Hauch
bis in alle Ewigkeit.
Amen.

5

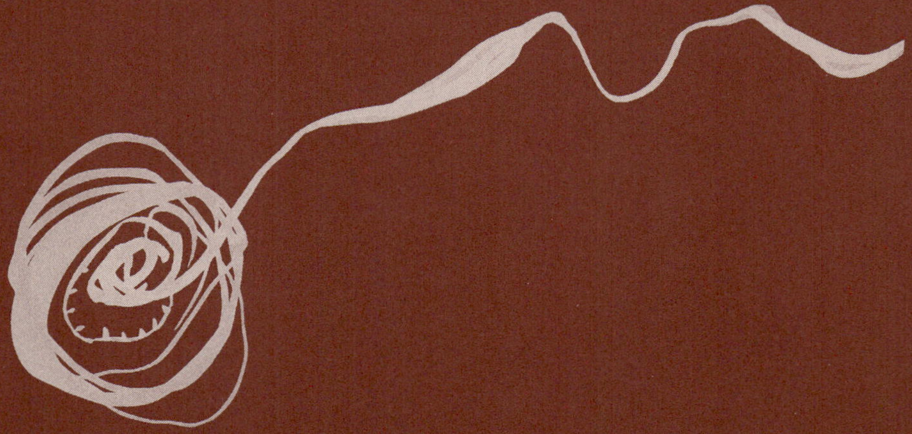

Umdenken kann sehr befreiend sein

Gebet

Gott des Lebens,
Selbstverständlichkeit bestimmt meinen Alltag,
ich habe kaum Platz für Neues.
Deine Zukunft gehört mir dann,
wenn ich Gott und den Himmel in den Blick nehme.
Mein Leben wird reich und überraschend neu,
wenn ich den Kreislauf der Gewalt durchbreche.
Forme mein Denken neu
und befreie mich für deine Zukunft,
der du lebst in den Himmeln der Ewigkeit.
Amen.

CD Nr. 15

E. Černyšev,
Choralimprovisation über
„Jauchzt, alle Lande, Gott zu Ehren"

Schriftlesung

1 Sam 26,2.7–9.12–13.22–23

In jenen Tagen machte sich Saul mit dreitausend Mann, ausgesuchten Kriegern aus Israel, auf den Weg und zog in die Wüste von Sif hinab, um dort nach David zu suchen.
David und Abischai kamen in der Nacht zu den Leuten Sauls und fanden Saul mitten im Lager schlafend; sein Speer steckte neben seinem Kopf in der Erde und rings um ihn schliefen Abner und seine Leute. Da sagte Abischai zu David: Heute hat Gott deinen Feind in deine Hand gegeben. Jetzt werde ich ihn mit einem einzigen Speerstoß auf den Boden spießen, einen zweiten brauche ich nicht dafür. David aber erwiderte Abischai: Bring ihn nicht um! Denn wer hat je seine Hand gegen den Gesalbten des Herrn erhoben und ist ungestraft geblieben?
David nahm den Speer und den Wasserkrug, die neben Sauls Kopf waren, und sie gingen weg. Niemand sah und niemand bemerkte etwas, und keiner wachte auf; alle schliefen, denn der Herr hatte sie in einen tiefen Schlaf fallen lassen. David ging auf die andere Seite des Tals hinüber und stellte sich in größerer Entfernung auf den Gipfel des Berges, so dass ein weiter Zwischenraum zwischen ihnen war.
David sagte: Seht her, hier ist der Speer des Königs. Einer von den jungen Männern soll herüberkommen und ihn holen. Der Herr wird jedem seine Gerechtigkeit und Treue vergelten. Obwohl dich der Herr heute in meine Hand gegeben hatte, wollte ich meine Hand nicht an den Gesalbten des Herrn legen.

CD Nr. 21

G. Ph. Telemann,
Partita II G-Dur,
Aria 2, Allegro

Schriftlesung

Lk 6,27–34

Euch, die ihr mir zuhört, sage ich: Liebt eure Feinde; tut denen Gutes, die euch hassen. Segnet die, die euch verfluchen; betet für die, die euch misshandeln. Dem, der dich auf die eine Wange schlägt, halte auch die andere hin, und dem, der dir den Mantel wegnimmt, lass auch das Hemd. Gib jedem, der dich bittet; und wenn dir jemand etwas wegnimmt, verlang es nicht zurück. Was ihr von anderen erwartet, das tut ebenso auch ihnen. Wenn ihr nur die liebt, die euch lieben, welchen Dank erwartet ihr dafür? Auch die Sünder lieben die, von denen sie geliebt werden. Und wenn ihr nur denen Gutes tut, die euch Gutes tun, welchen Dank erwartet ihr dafür? Das tun auch die Sünder. Und wenn ihr nur denen etwas leiht, von denen ihr es zurückzubekommen hofft, welchen Dank erwartet ihr dafür? Auch die Sünder leihen Sündern in der Hoffnung, alles zurückzubekommen.

Meditation

Mit Gott ungeahnte Möglichkeiten entdecken

Die Heilige Schrift ist immer für eine Überraschung gut. Oder wirkt das nicht überraschend und fremd auf Sie, wie David mit Saul, seinem Verfolger, umgeht? Da könnte der verfolgte David sich seines Verfolgers endgültig entledigen: Er brauchte nur den Speer zu ergreifen und könnte den Schlafenden mit einem einzigen kräftigen Stoß auf den Boden spießen. Doch genau das tut er nicht. David hätte die einmalige Chance, Saul niederzumachen – aber er legt seine Hand nicht an den König! Er lässt nicht einmal zu, dass ein anderer – einer aus seinem Gefolge, Abischai – dieses unangenehme Geschäft für ihn erledigt. Unbemerkt verlassen sie das Heerlager Sauls und den schlafenden König.

Ist das nicht überraschend? Und klingt eine solche Erzählung nicht fremd in unseren Ohren? Am Ende jedenfalls ruft David dem alten König Saul zu: Obwohl dich der Herr heute in meine Hand gegeben hatte, wollte ich meine Hand nicht an den Gesalbten des Herrn legen. Ich **wollte** es nicht – obwohl ich es gekonnt hätte! Ich wollte nicht. Ich taste den Gesalbten des Herrn nicht an – der ist meinem Zugriff entzogen, der ist tabu. Er ist Gott allein vorbehalten! Wer denkt eigentlich noch so?
Darum noch einmal die Frage: Liegt die empfundene Fremdheit an der alten Geschichte oder sind wir es, die so ganz anders denken? Sind wir es, die dieser Geschichte gegenüber fremd geworden sind? Haben wir uns so weit vom Denken des alttestamentlichen Erzählers entfernt, dass wir an diese Davidsgeschichte und an deren Horizont einfach nicht mehr heranreichen?

Eins ist sicher: Die Dramaturgie der alttestamentlichen Erzählung ist in sich konsequent. Aus Misstrauen erwächst Sauls Angst vor David und aus der Angst wird Feindschaft: „Er ist zu erfolgreich. Er wird bedrohlich für mich! Er will mich gewiss bald verdrängen. Schließlich wird er mir noch das Königtum und die Krone rauben und er wird mir die Leute abspenstig machen. Das kann mein Ende sein. Ich muss mich wehren – am besten ich komme ihm zuvor!" Aus diesem Boden sprießt Sauls Wut auf David und erwächst sein Versuch, den Jüngeren auszuschalten. Wie verständlich wäre es nun, wenn David sich im geeigneten Augenblick des alten Königs entledigte! Wie plausibel wäre es, wenn er sich von seinem Verfolger endgültig frei machte. Menschlich wäre das verständlich – und uns käme das bekannt vor. Aber für die biblische Davidsgeschichte ist das zu kurz gegriffen, denn hier kommt Gott ins Spiel. Und das ausgerechnet da, wo wir ihn am wenigsten erwartet hätten. Und offensichtlich an einer Stelle, wo wir und mit uns auch Abischai, der zum Gefolge Davids gehörte, unsere Rechnung glatt ohne diesen Gott gemacht hätten. Ein wenig fühlen wir uns ertappt.

David steht anders da als wir und als sein Gefolgsmann Abischai. Er wird völlig anders gezeichnet: David lässt seinen Verfolger Saul leben – aus einem einzigen Grund: weil er der Gesalbte des Herrn ist! Er lässt den idealen Moment zur Rache ungenutzt verstreichen, ganz einfach: weil Gott ihm dazwischenkommt. „Wer hat je seine Hand ungestraft gegen den Gesalbten des Herrn erhoben?", fragt David. „Ich wollte meine Hand nicht an den Gesalbten des Herrn legen!", ruft er Saul zu.

Und wir stehen da, sind überrascht – vielleicht auch überführt - und staunen! Eine andere Welt? Kann das überhaupt wahr sein: Das Normalste von der Welt ist: Gott bestimmt mein Leben? Was am meisten zählt, das ist meine Bindung an Gott und

meine Verpflichtung auf ihn – und die ungeahnte Freiheit, die ich damit gewinne?
Für David jedenfalls ist das so: Über Gott geht er nicht achtlos weg! Gegen Gott stellt er sich nicht. Mit ihm macht David ernst. So einfach ist das – und eine so große Herausforderung! So verständlich ist das – aber auch so überraschend und fremd für uns.
Was ist passiert, dass wir in diesem Augenblick Fremdheit empfinden? Und was müsste geschehen, dass wir uns im David dieser Geschichte wiedererkennen könnten? Lernen wir von David. Mit ihm bekommt die Leidenschaft für Gott einen Namen, ein Gesicht und eine Geschichte. An ihm wird deutlich, was geschieht, wenn einer sich ergreifen lässt von Gott und seiner Wirklichkeit. Und wenn einer zulässt, dass sein ganzes Leben und jeder Augenblick seines Lebens mit Gott in Verbindung bleibt. David ist so einer. Und deshalb ist es für ihn nur konsequent, dass nicht Hass- und Rachegedanken von ihm Besitz ergreifen, sondern dass Gott seine Hand führen und sein Denken bestimmen kann.

Und wenn uns das fremd ist? Dann bleibt eigentlich nur eine Möglichkeit: Umdenken und umkehren! Gott einen Platz in unserem Leben geben, der uns schließlich so frei macht, dass wir in enger Verbindung mit ihm alles noch einmal mit neuen Augen sehen können: die Menschen, die uns umgeben, die Mechanismen, mit denen wir so vertraut sind, die Umgangsformen, an die wir uns gewöhnt haben, die Selbstverständlichkeiten, die unseren Alltag bestimmen, das Normalste von der Welt eben und das Geschäft eines jeden Tages.

Das Evangelium steht der Davidsgeschichte in nichts nach. Was Jesus seinen Jüngern predigt, klingt uns alltagstauglichen und lebenstüchtigen Menschen des 21. Jahrhunderts mindestens so fremd und so verwunderlich wie die Geschichte von David und von seinem Verzicht auf Rache und endgültigen Sieg über Saul. Kein Wunder, dass Politiker von jeher bei diesen Sätzen Fremdheit empfinden. Mit solchen Grundsätzen könne man eben keinen Staat machen, sagen einige. Und ob das wohl realistisch sei und machbar, die Feinde zu lieben? Oder die Verfolger zu segnen? Und ob einer ernsthaft für die beten könne, die ihn misshandeln, fragen viele unserer Zeitgenossen. Und ob das nicht etwas für fromme Weltflüchtlinge sei, allen mit Liebe zu begegnen und dem, der einen schlägt, auch die andere Wange hinzuhalten? Oder können Sie sich ernsthaft vorstellen, dem Räuber Ihres Mantels auch noch das letzte Hemd zu lassen? Damit kommt man doch nicht weit, wissen die Lebenserfahrenen – auch wir Getauften!

Was wäre, wenn uns auch diesmal die Fremdheit, die wir empfinden, gerade darauf aufmerksam machen wollte, wie intensiv diese Sätze mit Gott zu tun haben? Was wäre, wenn diese fremd klingenden Grundsätze gerade belegten, auf wie eigene Art Gott in unsere Welt einbrechen will und wird? Was, wenn ausgerechnet das Fremde in diesen Sätzen das eine Lebensnotwendige bezeichnet? Den Durchbruch zu neuem Leben nämlich, den alle menschliche Klugheit und Berechnung gerade nicht bringen kann; den Aufbruch, den keiner von uns **macht**, auf den aber alle **hoffen**. Was, wenn gerade mit solchen Sätzen der Feldrede Jesu beschrieben wird, was kaum noch einer zu hoffen wagt, was aber allein unsere Welt retten kann?
Ob sich hier die Lebensmöglichkeiten zeigen, die denen und nur denen offen stehen, die ernsthaft mit Gott rechnen? Ob hinter diesen Sätzen die ungeahnten Möglichkeiten Gottes mit den Menschen

stecken, die bereit sind, ihn ernst zu nehmen und sich ihm anzuvertrauen? Ob diese Sätze möglicherweise erkennen lassen, was geschehen wird, wenn Gott in uns Menschen und in unserer Welt endlich zum Zuge kommt?

Wir sind gewohnt, das Machbare zu denken und wir haben gelernt, die Verlängerung der uns bekannten Möglichkeiten zu berechnen. So stellen wir uns Zukunft vor. So schlicht und so begrenzt! Aber wie sollte in solcher Zukunft der Kreislauf der Gewalt jemals durchbrochen werden? Wie könnte in solcher Zukunft überhaupt einmal Platz sein für etwas Neues, das wir nicht schon kennen, das wir nicht längst ersonnen haben und das nicht doch wieder von Anfang an die Brüchigkeit unserer menschlichen Grenzen in sich trägt? Wie wäre es, wenn die Zukunft tatsächlich denen gehörte, die die Bereitschaft mitbringen, Gott und den Himmel real in den Blick zu nehmen? Was wäre, wenn **die** Zukunft hätten, die mit Gottes Möglichkeiten rechnen und deswegen die Gesetzmäßigkeiten der Welt durchkreuzen? Wie reich könnte das Leben werden und wie überraschend neu, wenn es nicht in der Hand der Buchhalter, der unverbesserlichen Planwirtschaftler, der Börsenspekulanten oder der phantasielosen Systemdenker läge?

Übrigens: Etwas vom jungen David steckt in jedem von uns und in jeder – und umdenken kann sehr befreiend sein!

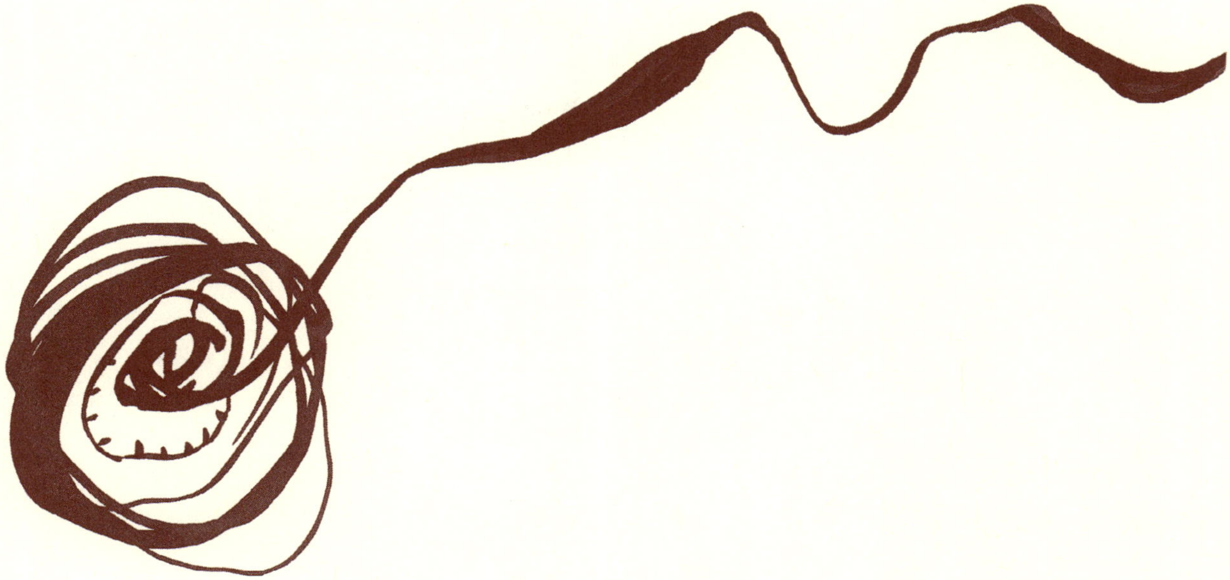

Segensgebet

Guter und barmherziger Gott,
dein Atem durchströme mich,
deine Liebe erneuere mich,
dein Zuspruch richte mich immer wieder auf,
unter deinen Flügeln lass mich geborgen sein.
So segne mich, Gott,
du Vater, Sohn und Heiliger Geist.
Amen.

6

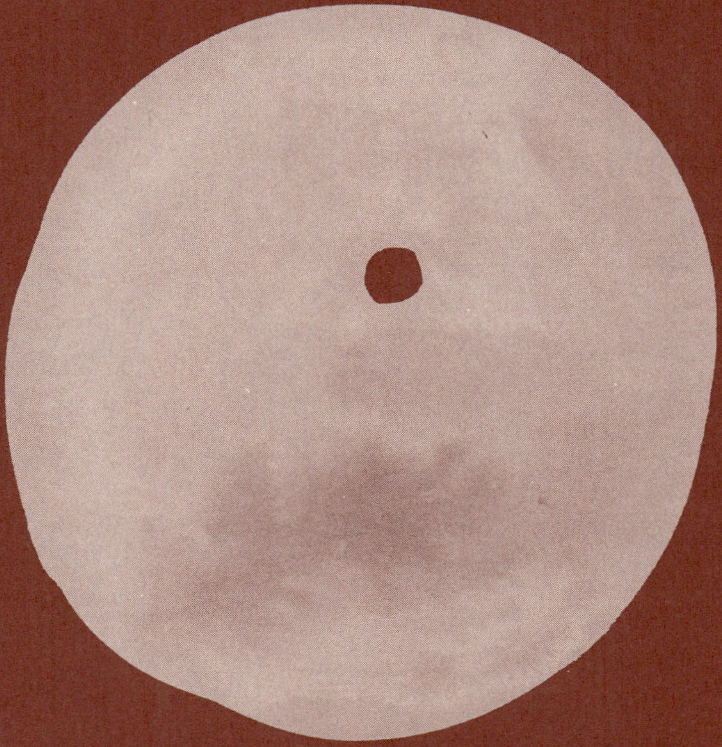

Jetzt geht die Rechnung des Heils auf

CD Nr. 24

D. Buxtehude,
Choralvorspiel „In dulci jubilo",
BuxWV 197

Gebet

Gott, Vater im Himmel,
du bist der Herr über Zeit und Ewigkeit,
dein sind die Tage und Stunden,
die Minuten und Sekunden.
Wunderbar hast du alles geschaffen,
dein Schöpferatem hält mich am Leben.
Schenke mir die Zuversicht,
dass du in der Geschichte alles zum Guten wendest.
Sei du das Licht,
das mich auf dem sicheren Weg der Verheißung
führt.
Dir sei der Lobpreis und die Ehre:
dir Vater, der Sehnsucht der Völker,
dir Sohn, dem Retter der Welt,
und dir, dem Heiligen Geist,
in dem alles lebt in Ewigkeit.
Amen.

Lied

nach Ps 63,1–9

Ach Gott,
du bist mein Gott,
nach dir sehne ich mich,
deine Spuren suche ich in dieser Welt.
Mein Innerstes dürstet nach dir,
ich lechze mit allen Fasern nach dir.
Ich fühle mich wie ausgedorrtes, trockenes Land.
Deshalb suche ich nach dir,
wo Menschen dich verehren;
ich will nach dir Ausschau halten,
wo immer ich dich vermute.
Deine Kraft und deine Herrlichkeit will ich sehen.
Von dir angeschaut zu werden –
das ist besser als all mein Leben.
Mein Leben lang will ich dir singen, spielen,
vor dir tanzen.

Auf meinen Lippen soll immer ein Lied sein,
das deine Größe und Erhabenheit besingt.
Lass mich erblühen durch deine Gnade
und mach mich satt mit deiner Huld.
Dann wird mein Mund dich fort und fort preisen.
Nachts werde ich an dich denken,
wenn ich ausruhe,
und am Tag denke ich bei jedem Schritt
über dich nach.
Du, Gott, bist meine Hilfe, mein Schutz.
Du birgst mich im Schatten deiner Flügel.
Mein ganzes Sein hängt an dir,
an deiner Hand gehe ich sicher durchs Leben.

Schriftlesung

Mt 1,1–17

Stammbaum Jesu Christi, des Sohnes Davids,
des Sohnes Abrahams:
Abraham war der Vater von Isaak,
Isaak von Jakob,
Jakob von Juda und seinen Brüdern.
Juda war der Vater von Perez und Serach;
ihre Mutter war Tamar.
Perez war der Vater von Hezron,
Hezron von Aram,
Aram von Amminadab,
Amminadab von Nachschon,
Nachschon von Salmon.
Salmon war der Vater von Boas,
dessen Mutter war Rahab.
Boas war der Vater von Obed,
dessen Mutter war Rut.
Obed war der Vater von Isai,
Isai der Vater des Königs David.
David war der Vater von Salomo,
dessen Mutter die Frau des Urija war.
Salomo war der Vater von Rehabeam,

Rehabeam von Abija,
Abija von Asa,
Asa von Joschafat,
Joschafat von Joram,
Joram von Usija.
Usija war der Vater von Jotam,
Jotam von Ahas,
Ahas von Hiskija,
Hiskija von Manasse,
Manasse von Amos,
Amos von Joschija.
Joschija war der Vater von Jojachin und seinen Brüdern; das war zur Zeit der Babylonischen Gefangenschaft.
Nach der Babylonischen Gefangenschaft war Jojachin der Vater von Schealtiël,
Schealtiël von Serubbabel,
Serubbabel von Abihud,
Abihud von Eljakim,
Eljakim von Azor.
Azor war der Vater von Zadok,
Zadok von Achim,
Achim von Eliud,
Eliud von Eleasar,
Eleasar von Mattan,
Mattan von Jakob.
Jakob war der Vater von Josef,
dem Mann Marias;
von ihr wurde Jesus geboren,
der der Christus, der Messias, genannt wird.
Im Ganzen sind es also von Abraham bis David vierzehn Generationen, von David bis zur Babylonischen Gefangenschaft vierzehn Generationen und von der Babylonischen Gefangenschaft bis zu Christus vierzehn Generationen.

Meditation

Hören, damit die Herzen sich bekehren

Eine Fülle von Namen! Hier zieht eine fast endlose Reihe von Männern aus der Geschichte Israels an uns vorüber. Dazwischen tauchen einige wenige markante Frauengestalten auf. Sie kommen aus heidnischen Völkern: Tamar, die Aramäerin, Rahab aus Kanaan, Rut, die Moabiterin, und die Frau des Hethiters Urija. Dazu tritt Maria, die Mutter Jesu. Und von Josef ist die Rede, über den Marias Sohn in die Geschlechterfolge eingereiht wird. Durch den Vater ist Jesus nach jüdischem Recht der Davidssohn.

Diese Liste am Anfang des Matthäusevangeliums ist einer der eigenartigsten Texte im Neuen Testament und für uns rätselhaft. Wie eine Überschrift stellt Matthäus ihn seinem Evangelium voran; wie eine Lesehilfe für alles, was danach kommt.

Die große Verheißung an Israel wird in die konkrete Geschichte hereingeholt. Der ersehnte Messias wird im Volk verwurzelt, von Anfang an. Und das heißt seit Abraham, dem Stammvater, mit dem Jahwe seinen Bund geschlossen hat, und über David, dem Bild eines Königs nach dem Herzen Gottes. Mit Israel wird Gott seine Geschichte des Heiles haben – und Jesus ist darin schließlich der Dreh- und Angelpunkt.

Wer den Stammbaum richtig liest und sich darüber noch einmal in die Geschichte Israels hineinversenkt, der müsste es eigentlich wissen: Jesus, das ist der Name des Retters, den alle erwartet haben. Der Sohn Marias, er ist der Gesandte Jahwes für Israel, der König schlechthin – und er bringt das Heil für alle Völker.

Und was mindestens genauso wichtig ist: Alle, die sich um ihn sammeln werden, sind das Gottesvolk mit Zukunft, weil sie auch das Volk mit der großen Geschichte sind. Die Rede ist von dem Volk, das eine große Geschichte hat, weil es immer schon von Jahwe geführt wurde. Gemeint ist die Herde, die er, Gott selbst, trotz der Unzulänglichkeiten mancher Stammväter vor dem Untergang bewahrt hat. Dieser Herde konnte – Dank sei Jahwe – die Verschlagenheit ihrer großen Männer nichts anha-

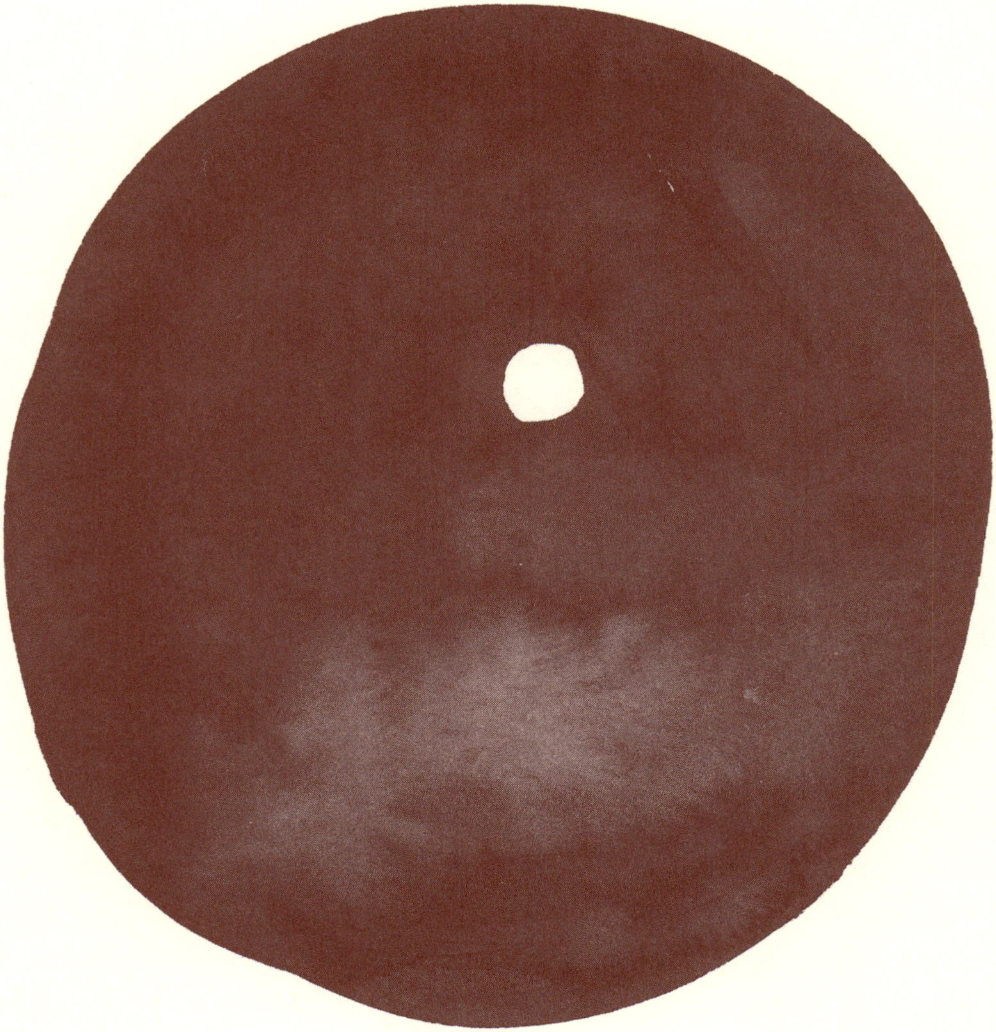

ben, weil Jahwe sich ihrer immer wieder angenommen und sie zum Ziel geführt hat – trotz allem. Es geht um Israel, das Gott niemals loslassen wird. Alle Zeichen stehen auf Rettung, als Jesus in die Geschichte und die Geschlechterfolge eintritt: Nach dreimal vierzehn Generationen ist die Wartezeit für den Messias erfüllt. Jetzt geht die Rechnung des Heils auf, endlich!

Man sieht, Matthäus gibt sich viel Mühe: Er versteht das theologische und das literarische Geschäft. Er weiß, wo das Herz des Volkes und seiner Leser schlägt. Er nimmt die Tradition geschickt in den Dienst seiner Botschaft. Und während die Namen am Ohr der Hörer vorüberziehen, ringt er um Akzeptanz und Zustimmung für seine Botschaft. Wer den Stammbaum liest oder hört, der soll mitvollziehen, dass mit Jesus die Rechnung zum Heil der Menschheit glatt aufgeht: Wir brauchen keinen anderen Retter, wir warten auf keinen neuen Erlöser, wir suchen nirgendwo sonst unser Heil.

Warum so viel Mühe? Der Evangelist ist Menschenkenner. Er versteht etwas von den Seh- und Hörgewohnheiten seiner Leser. Er kennt und schätzt ihre Verflochtenheit mit lieb gewordenen Traditionen. Er weiß, wie sensibel Glaubensfragen sind und wie sehr Neues verunsichern kann. Daran hat sich bis heute nichts geändert. Matthäus will die Neuheit schlechthin als das längst fällige Ereignis zeigen. Er möchte so gerne das Denken seiner Zuhörer erreichen, damit sie sich in ihren Herzen bekehren können. Er will Einsicht wecken, damit die Zustimmung folgen kann, die den ganzen Menschen ergreift. Mir scheint, der Evangelist weiß ganz genau: Er kann nur die Bereitschaft zum Hören bewirken. Kein noch so starkes Auftreten und kein noch so machtvolles Wort kann machen, dass sich auch nur ein Einziger wirklich dem Messias zuwendet, den das Evangelium verkündet. Darin ist der Evangelist den Propheten aller Zeiten verwandt, die unter Aufbietung aller Kräfte doch ohnmächtige Boten sind – und die angewiesen bleiben auf die innere

Zustimmung derer, die sie ansprechen. Nelly Sachs
hat deren Sendung treffend beschrieben:

Wenn die Propheten einbrächen

Wenn die Propheten einbrächen
durch die Türen der Nacht,
den Tierkreis der Dämonengötter
wie einen schauerlichen Blumenkranz
ums Haupt gewunden –
die Geheimnisse der stürzenden und sich hebenden
Himmel mit den Schultern wiegend –

für die längst vom Schauer Fortgezogenen –

Wenn die Propheten einbrächen
durch die Türen der Nacht,
die Sternenstraßen gezogen in ihren Handflächen
golden aufleuchten lassend –

für die längst im Schlaf Versunkenen –

Wenn die Propheten einbrächen
durch die Türen der Nacht,
mit ihren Worten Wunden reißend
in die Felder der Gewohnheit,
ein weit Entlegenes hereinholend
für den Tagelöhner

der längst nicht mehr wartet am Abend –

Wenn die Propheten einbrächen
durch die Türen der Nacht
und ein Ohr wie eine Heimat suchten –

Ohr der Menschheit,
du nesselverwachsenes,
würdest du hören?

Wenn die Stimme der Propheten
auf dem Flötengebein der ermordeten Kinder
blasen würde,
die vom Märtyrerschrei verbrannten Lüfte
ausatmete –
wenn sie eine Brücke aus verendeten Greisenseufzern
baute –

Ohr der Menschheit,
du mit dem kleinen Lauschen beschäftigtes,
würdest du hören?

Wenn die Propheten
mit den Sturmschwingen der Ewigkeit hineinführen,
wenn sie aufbrächen deinen Gehörgang mit den
Worten:
Wer von euch will Krieg führen gegen ein Geheimnis,
wer will den Sterntod finden?

Wenn die Propheten aufständen
in der Nacht der Menschheit
wie Liebende, die das Herz des Geliebten suchen,
Nacht der Menschheit,
würdest du ein Herz zu vergeben haben?

CD Nr. 18

G. F. Händel,
Sonate C-Dur,
Allegro

Gebet

Gott, unbeschreibliches Glück der Menschen!
Dein Sohn hat Generationen zur Vollendung geführt,
er ist der Gipfel der Geschichte.
Komm mit deinem Geist zu mir,
dass ich fassen kann,
welch unendliche Güte in der Geburt des Menschensohnes liegt.
Berühre meine Seele einst mit den Sturmschwingen der Ewigkeit,
dass auch ich die Herrlichkeit schauen darf,
in der du mit Jesus Christus
und dem Heiligen Geist lebst
von Ewigkeit zu Ewigkeit.
Amen.

Segen

Der allmächtige und gute Gott segne mich,
er begleite mich und behüte mich,
er bleibe bei mir in Ewigkeit.
Amen.

7

In die Mulde meiner Stummheit
leg ein Wort

CD Nr. 6

E. Černyšev,
Choralimprovisation über
„Macht hoch die Tür"

Gebet

Gott,
stumm bin ich,
verstummt.
Staunend,
erstaunt,
erschüttert
steh ich oftmals da.
Kein Gedanke, kein Wort. –
Mach mich zur Schale,
lass mich ein Gefäß sein für dein Wort!
Dass meine Stummheit sich wandeln kann zum Jubel,
dass meine Sprachlosigkeit ein lautes, großes Ja wird,
ein Gesang auf deine Gegenwart.
So bitte ich dich durch den,
der deine Nähe mir begreifbar macht,
Jesus Christus, deinen Sohn,
der mit dir und dem Heiligen Geist lebt und
für mich da ist
in Ewigkeit.
Amen.

Schriftlesung

Joh 1,1–14 nach Fridolin Stier

Im Uranfang war Er, das Wort.
Und Er, das Wort, war bei Gott.
Und Gott war Er, das Wort.
Der war im Uranfang bei Gott.
Alles ist durch ihn geworden
und ohne Ihn geworden ist nicht eines.
Was geworden,
war Leben in Ihm.
Und das Leben war das Licht der Menschen.
Und das Licht scheint in der Finsternis.
Und die Finsternis ergriff es nicht.
Ein Mensch ward – gesandt von Gott –
sein Name: Johannes.
Er kam zur Zeugenschaft,
um zu zeugen für das Licht,
auf dass alle glaubend würden durch ihn.
Nicht jener war das Licht,
sondern: zeugen sollte er für das Licht.

Er war das wahre Licht, das erleuchtet jeden
Menschen –
kommend in die Welt.
In der Welt war Er
und die Welt ward durch Ihn.
Und die Welt erkannte Ihn nicht.

In sein Eigentum kam Er
und die Eigenen nahmen Ihn nicht auf.
Doch die Ihn angenommen,
ihnen hat Er Vollmacht gegeben,
Kinder Gottes zu werden –
den an Seinen Namen Glaubenden:
Die nicht aus dem Geblüt
und nicht aus Fleisches Willen
und nicht aus Mannes Willen,
sondern aus Gott gezeugt sind.

Und Er, das Wort, ward Fleisch,
zeltend unter uns.
Und wir schauten seine Herrlichkeit,
Herrlichkeit als des Einzigen vom Vater her,
voll Gnade und Wahrheit.
Johannes zeugte für ihn.

Und so schrie er auf und sagte:
Der war's, von dem ich gesprochen:
Der nach mir kommt, steht mir voran,
weil er eher war als ich.
Denn: Aus seiner Fülle nahmen wir alle an:
Gnade um Gnade.

CD Nr. 22

G. Ph. Telemann,
Partita II G-Dur,
Aria 4, Affettuoso

Meditation

In die Mulde meiner Stummheit leg ein Wort

Es gibt Augenblicke und Begegnungen und Anblicke, zu denen fällt mir nichts mehr ein. Kein Wort. Ich bin einfach stumm. Vielleicht nicken Sie jetzt innerlich, weil Sie das kennen. Hinterher weiß ich dann: Es hatte mir die Sprache verschlagen. Kein witziges Wort und kein ernster Satz von mir hätten gepasst. In meinen Gedanken habe ich nicht ordnen können und nicht fassen können, was mir begegnet ist.

Eine solche Begebenheit war der 11. September 2001. Nach den Nachrichten im Radio habe ich vor dem Fernseher gesessen und ich war schlichtweg unfähig, zu fassen, was meine Augen sahen. Das darf doch nicht wahr sein. Diese Bilder sind unglaublich. Ist das eine Fotomontage, ein schlechter Film? So kann doch niemand mit Menschenleben umgehen!

Was mag Terroristen bewegen, Flugzeuge ins World Trade Center zu steuern und auf das Pentagon und eine mit Passagieren besetzte Maschine zum Absturz zu bringen? Alles war unsortiert in meinem Kopf, kreisende Gedanken ohne Ziel und ohne Sinn.

Ein paar Monate später ist der „11. September" zum Wort des Jahres 2001 gewählt worden. Eigentlich müsste man ja sagen: Er war das Datum dieses Jahres, ein Geschehen, mit dem wir nicht fertig geworden sind und mit dem wir nicht zurande kommen, ein Ereignis, dessen Folgen uns überholen und bei dem uns – egal, wie viel wir reden – zuletzt eben doch die Worte im Halse stecken bleiben. „11. September" als Wort des Jahres – das ist selbst noch ein Ausdruck unserer Sprachlosigkeit.

Und von solchen Begebenheiten gibt es mehr. Ich denke an die Auseinandersetzungen zwischen Israelis und Palästinensern. Der Krieg in Israel – so muss man es wohl nennen – ist ähnlich. Er verschlägt uns die Sprache und er macht uns stumm. Terror und Vergeltung und Anschläge und Gegenwehr markieren einen Kreislauf der Gewalt, der wie ein mächtiger Strudel alles in sich hineinzuziehen droht. Darin kann ein ganzes Land mit seinen Bewohnern versinken und das kann Kreise ziehen, weit über eine Region hinaus. Die Kommentare gehen uns allmählich aus und erst recht fehlt uns ein Wort, das weiterhilft. Weiß denn keiner ein Wort, das die Gewaltspirale anhält? Findet denn niemand ein Wort, das dem Recht Gehör verschafft, das vielleicht sogar Versöhnung bringt?

Jeder von uns könnte fortfahren mit dem, was ihn an der Welt fassungslos und sprachlos macht: hungernde Kinder, Krankheiten, die wir nicht ausreichend bekämpfen, Medikamente, bei denen um den Preis gestritten wird, wirtschaftliche Not, der wir bloß untätig zusehen. Und wir könnten die persönlichen Momente der Sprachlosigkeit anfügen, wir könnten an die Augenblicke erinnern, in denen wir verstummt sind, weil etwas uns verletzt hat oder gekränkt, weil jemand uns in ohnmächtige Wut versetzt hat oder in Hilflosigkeit.

„In die Mulde meiner Stummheit leg ein Wort" – die Dichterin Ingeborg Bachmann spricht die Sehnsucht der Sprachlosen aus: dass einer das Wort sprechen möge, das uns fehlt. Dass jemand da sein und das Verstummen als Offenheit erkennen möge. Dass vielleicht einer die Not der Sprachlosigkeit wenden möchte. Manchmal kann ein Wort uns aus der Sackgasse herausführen, es kann uns etwas Neues zeigen, was wir allein nie gefunden hätten. Nach dem 11. September 2001 sind viele in die Kirchen gegangen. Jugendliche, die einen Ort für ihre stille Ohnmacht suchten, Frauen und Männer, die ohne große Worte nach Gott fragten, viele, die nach langer Zeit ein Gebet versucht haben, das ihnen gar nicht leicht über die Lippen kommen wollte. Wohin hätten sie auch sonst gehen sollen?, hat unser Bischof gefragt. Mit menschlichen Mitteln und Möglichkeiten war nichts mehr zu tun. Und aus menschlichen Worten gab es keinen ausreichenden Trost.

„In die Mulde meiner Stummheit leg ein Wort." Als befreiendes Wort kommt Gott selbst zu uns. Das ist Weihnachten. In unsere Stummheit kommt sein Wort: Gott hat zu uns gesprochen durch seinen Sohn – so sagt das der Hebräerbrief. Wie ein lange

ersehntes Wort, das die Stummheit aufbricht, so ist das Kommen Jesu in unsere Welt. In unsere Stummheit legt sich dieses Wort von Gott.
Er, Jesus, trägt das All und er hält die ganze Schöpfung in seiner Hand, so sagt es das frühe Bekenntnis der Christen. Gegen jedes Nein, das uns Menschen entgegenbringen können, kommt das Ja von Gott her, ein unwiderrufliches Ja: Ich bin bei euch, was auch geschieht. Ich werde einer von euch und ich teile euer Lebensgeschick und ich weiche den Konsequenzen des Menschseins nicht aus – bis zum Tod nicht.
In die Mulde meiner Stummheit leg **dein** Wort, dürfen wir rufen. Und Gott hört. Sein Wort, seine Antwort, ist leise und unaufdringlich. Es kann übersehen werden und übergangen wie ein kleines Kind, das sich nicht wehren kann. Und doch stecken in diesem Wort, in diesem Kind, Leben und Zukunft und Vertrauen und Hoffnung. Ganz und gar unaufdringlich. Wie in den Kindern, die wir lieben und deren Anblick uns berührt: als Eltern oder als Geschwister, auf Fernsehbildern und Zeitungsfotos, als die nächste Generation in unserer Familie oder als die Hoffnung auf Zukunft für unsere Gesellschaft und auch für unsere Kirche.
In die Mulde unserer Stummheit legt Gott sein Wort, tatsächlich – für uns das alles entscheidende Wort des Jahres, sogar das Wort des Lebens: Jesus, das Kind von Betlehem, der Retter der Welt.

CD Nr. 23

G. Ph. Telemann,
Partita II G-Dur,
Aria 6, Tempo di Minue

Segensgebet

Allmächtiger, ewiger Gott,
dein Sohn Jesus Christus ist Mensch geworden,
um die Menschen zu erlösen.
Er ist dein Wort,
das meine Sprachlosigkeit überwunden hat.
Mit seiner Hilfe kann ich anderen das gute Wort
zusprechen.
Segne mich
und behüte mich,
damit ich dich lobpreisen kann,
der du mit Jesus Christus im Heiligen Geist
lebst in alle Ewigkeit.
Amen.

8

Mach's wie Gott, werde Mensch

Gebet

Gott, Gütiger!
Warten heißt sehnen, heißt Zeit füllen, überbrücken.
Dein Kommen in diese Welt zu erwarten
bedeutet für mich:
mein Leben in dein Licht stellen,
einen Schatten werfen, der anderen zeigen kann:
Von hierher kommt das Licht,
dort ist ein Mensch,
der aufrecht vor Gott stehen kann,
der ihn ansehen kann,
der ihm vertraut.
Lass meine Schatten anderen den Weg zu dir
zeigen und nähre in mir die Sehnsucht nach dir,
der du lebst als Gott in Ewigkeit.
Amen.

CD Nr. 5

G. Frescobaldi,
Canzona detta La Bernardinia

Schriftlesung

Lk 2,1–14 nach Martin Luther

Es begab sich aber zu der Zeit, dass ein Gebot von dem Kaiser Augustus ausging, dass alle Welt geschätzt würde. Und die Schätzung war die allererste und geschah zu der Zeit, da Cyrenius Landpfleger in Syrien war. Und jedermann ging, dass er sich schätzen ließe, ein jeglicher in seine Stadt. Da machte sich auf auch Joseph aus Galiläa, aus der Stadt Nazaret, in das jüdische Land zur Stadt Davids, die da heißt Betlehem, darum dass er von dem Hause und Geschlechte Davids war, auf dass er sich schätzen ließe mit Maria, seinem vertrauten Weibe, die war schwanger. Und als sie daselbst waren, kam die Zeit, dass sie gebären sollte. Und sie gebar ihren ersten Sohn und wickelte ihn in Windeln und legte ihn in eine Krippe; denn sie hatten sonst keinen Raum in der Herberge. Und es waren Hirten in derselben Gegend auf dem Felde bei den Hürden, die hüteten des Nachts ihre Herde. Und siehe, des Herrn Engel trat zu ihnen und die Klarheit des Herrn leuchtete um sie; und sie fürchteten sich sehr. Und der Engel sprach zu ihnen: Fürchtet euch nicht! Siehe, ich verkündige euch große Freude, die allem Volke widerfahren wird; denn euch ist heute der Heiland geboren, welcher ist Christus, der Herr, in der Stadt Davids. Und dies habt zum Zeichen: Ihr werdet finden das Kind in Windeln gewickelt und in einer Krippe liegen. Und alsbald war da bei dem Engel die Menge der himmlischen Heerscharen, die lobten Gott und sprachen: Ehre sei Gott in der Höhe und Friede auf Erden und den Menschen ein Wohlgefallen!

Meditation

Der Herrscher ist bei seinen Leuten

Der Thron ist leer. Verlassen steht er da. Das Mosaik in der alten römischen Kirche zeigt ein eindrucksvolles Bild: Da steht der Thron Gottes und niemand sitzt darauf. Einfach leer – ein Gewand liegt hingeworfen da, so als wäre gerade jemand aufgestanden und fortgegangen, weg vom Herrscherstuhl. Kein Weltenherrscher mit ernstem Gesicht, kein Richter auf dem Thron ist zu sehen, kein Allmächtiger und kein Großer, der die Welt und uns in Angst und Schrecken versetzen möchte. Der Thron ist leer. Wo ist der mächtige Herrscher?

Als Kind haben mich die Geschichten vom guten Kalifen Harun ar-Raschid fasziniert. Der Kalif verlässt seinen Palast in Bagdad heimlich bei Nacht und streift durch die Straßen und Gassen der Stadt. Er will unerkannt bei seinen Leuten sein. Er will die Menschen sehen und er möchte mit ihnen reden. Und sie sollen gar nicht wissen, dass er der Herrscher ist, damit sie ihm nichts vormachen und nicht das sagen, was er nach ihrer Meinung hören will. Er möchte unmittelbar mitbekommen, wie das Leben in seinem Land zugeht. Wenn er dann in seinen Palast zurückgekehrt ist, wundern sich alle über die Weisheit des Kalifen, der das Leben und seine Leute so gut kennt. Auch da: Der Thron ist leer! Der mächtige Herrscher ist bei den Leuten.

Der Herrscher ist bei seinen Leuten. Mein Blick geht zum Kind in der Krippe. Kein Wunder, dass der Thron Gottes leer ist. Wenn Gott sich so klein macht. Wenn der Herrscher zur Welt gekommen ist.

Da liegt ein harmloses kleines Kind und wir sehen in ihm das Bild unseres Gottes. Die Krippe ist jetzt der Thron, der Himmel ist gegen die Erde vertauscht. Gott will bei den Menschen sein. Gott will Leben aus erster Hand. Ihm kann man nichts vormachen. Am eigenen Leib wird er erfahren, wie Menschenleben geht: heute Geburt, bald Taufe und Kindheit und Jugend, dann das Leben eines Erwachsenen mit Widerspruch und Akzeptanz, mit Geliebtwerden und Verhasstsein und schließlich mit Verurteilung und Kreuz auf Golgota. Der Weg bis Ostern geht durch alles hindurch.

Darin unterscheidet sich das Kind von Betlehem – und damit unser Gott – nachhaltig vom klugen Kalifen von Bagdad: Er taucht nicht bloß für eine Nacht und ein paar Begegnungen in das Leben ein, um dann wieder auf den Thron zurückzukehren! Gott lebt nicht Leben auf Widerruf. Jesus wird in Betlehem geboren! Gott nimmt das ganze Leben an, mit aller Konsequenz. Der Herrschermantel ist abgelegt – nicht nur kurz hingeworfen. Gott zeigt sein wahres Gesicht im Gesicht eines Säuglings, der schreit und auf seine Mutter angewiesen ist. Gott zeigt sein Gesicht im Angesicht eines Menschen, der lebt und leidet, der wächst und altert wie wir. Die Geburt im Stall ist nicht die Marotte eines Mächtigen, der sich auch mal für das Leben der einfachen Leute interessiert – Gott in Jesus von Nazaret ist der Ernstfall des Lebens für Gott und für uns.

Der Thron ist leer – Gott ist auf der Erde. Wenn Gott Mensch wird, warum tun wir's ihm nicht nach? Mach's wie Gott, werde Mensch – sagt ein Weihnachtsgruß. Was heißt das?

Das heißt doch wohl: Lass dich auf das Leben ein, lass dich auf dein Leben ein, wie es ist. Stiehl dich nicht davon. Schau nicht weg. Nichts kann so abwegig sein, dass es dich dauerhaft aus der Bahn werfen müsste. In jedem Menschen ist der Mensch gewordene Gott zu finden.

Gibt es etwas Befreienderes oder etwas Tröstlicheres? Gott ist in unseren Höhen und Tiefen, er leidet mit uns und er lebt mit uns und er hält ein ganzes Leben aus mit uns. Wir könnten geradezu das Leben lieben lernen. Das wäre ganz in seinem Sinn. Und wir könnten das Leben lassen lernen – denn am Ende hätten wir immer noch ihn. Aber das ist ein weiter Weg. Mir scheint, Gott ist uns da mehr als einen Schritt voraus.

Der Thron ist leer. Gott ist im Stall von Betlehem, ein Kind unter Hirten, ein Mensch vom Volk. Das soll als Zeichen dienen, sagt die Heilige Schrift: Ihr werdet ein Kind finden, das, in Windeln gewickelt, in einer Krippe liegt. Für das Lukasevangelium ist klar, dass Gott bis zum Äußersten geht. Der Stall ist

nicht Hirtenidylle – das Kind bei den Hirten ist ein Zeichen, das Gott setzt: Hier ist der erwartete Sohn Davids, der Retter – und er ist zuerst bei denen, die ihn am meisten brauchen, bei den gering Geachteten, die er aufwertet, und bei den Menschen am Rande, die er in die Mitte stellt.
Auf diesen Gott, auf dieses Evangelium darf sich niemand berufen, wenn er von einem Menschen schlecht redet, wenn er einen Menschen niedermacht – wie wir sagen – oder jemanden verachtet. Die Stolzen sind für diesen Gott nicht die richtige Gesellschaft. Die Großen sind für ihn nicht so wichtig. Er stürzt sie vom Thron – weiß das Evangelium! Die um der Macht willen über Leichen gehen – die haben bei ihm ausgespielt. Wie heißt es doch bei Jesaja?
„Ein Kind ist uns geboren, ein Sohn ist uns geschenkt. Die Herrschaft ruht auf seiner Schulter; man nennt ihn: wunderbarer Ratgeber, starker Gott, Vater in Ewigkeit, Fürst des Friedens. Seine Herrschaft ist groß und der Friede hat kein Ende. Auf dem Thron Davids – und das ist bei den Hirten und in der Krippe im Stall! – herrscht er über sein Reich; er festigt und stützt es durch Recht und Gerechtigkeit, jetzt und für alle Zeiten."
Der Thron ist leer – so ist unser Gott wirklich groß. Er ist eben ganz groß darin, bescheiden zu sein und sich unauffällig und klein zu machen. Das sollten wir uns gut anschauen – damit wir's abgucken und lernen. Dabei können wir nur gewinnen – und unsere Welt gleich mit.

CD Nr. 18

G. F. Händel,
Sonate C-Dur,
Allegro

Bitten

Gott, Gütiger!
In Jesus Christus, meinem Heiland, begegne ich deiner Liebe zu uns Menschen.
Höre mein Gebet:

Für die Kranken und Not Leidenden, die mir besonders nahe stehen.

Für alle Kinder, deren Seele dem Druck ihrer Nöte nicht standhält.

Für die Mächtigen, die vielen Versuchungen ausgesetzt sind.

Für alle, deren schöpferische Kraft der Angst gewichen ist.

Für die Jugendlichen, die nach Gestaltung ihres Lebens suchen, die sich orientieren müssen.

Für die Liebenden und auch für die Verlassenen.

Für alle Verstorbenen, die mir in meinem bisherigen Leben viel bedeutet haben.

Gott, himmlischer Vater, ich vertraue darauf, dass du meine Bitten erhörst. Deine Liebe ist größer als der Wille und das Vermögen der Menschen. Dafür danke ich dir, heute und in Ewigkeit. Amen.

Segensgebet

Allmächtiger, guter Gott,
du Beschützer aller, die auf dich vertrauen.
Du bist in deinem Sohn Jesus Christus bei mir.
Bleib bei mir, auch wenn die Nacht über mich kommt,
wenn ich den Stern nicht mehr sehe,
dem Engel nicht trauen kann.
Sei mit mir auf den Wegen
und begleite mich.
Schütze mich, wenn der Alltag mich zu erdrücken droht,
du meine Hoffnung und Zuversicht.
Der Segen des allmächtigen Gottes,
des Vaters, des Sohnes und des Heiligen Geistes
komme auf mich herab und bleibe bei mir in Ewigkeit.
Amen.

9

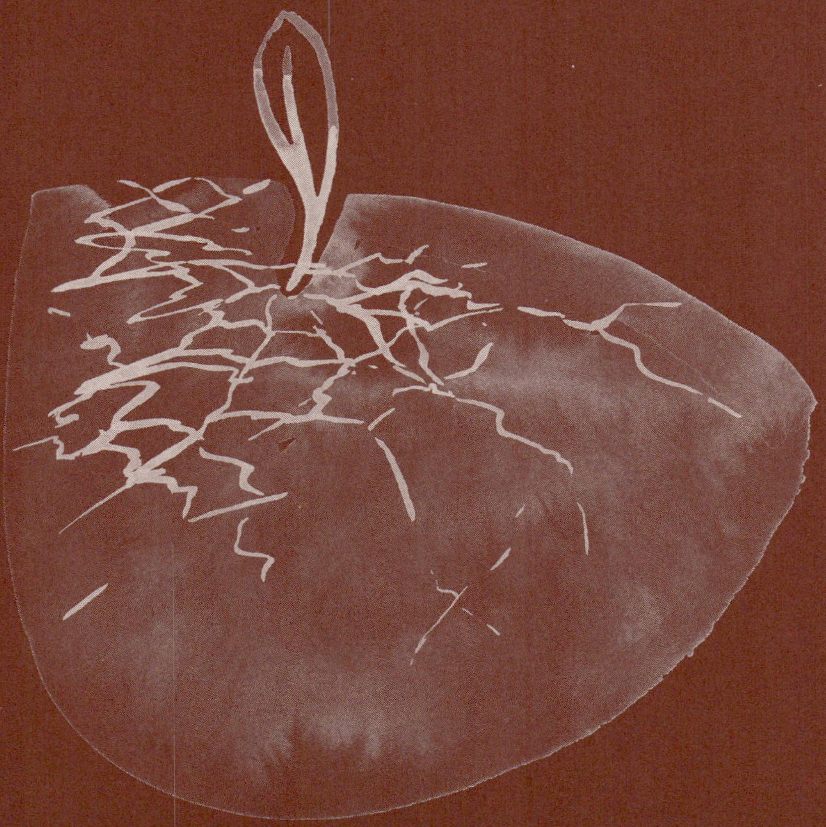

Da erging in die Wüste das Wort

Gebet

Gott!
Trostreich und Leben spendend ist dein Wort;
es ist dein Sohn Jesus Christus,
der mein Leben belebt.
Sprich dein Wort in die Wüste meiner Tage,
wenn ich ausgetrocknet bin und nicht weiter weiß,
wenn ich verdorrt bin und ausgelaugt.
So bitte ich dich durch Jesus,
den Leben verheißenden Christus,
der mit dem Heiligen Geist
bei dir lebt und wirkt in alle Ewigkeit.
Amen.

CD Nr. 7

A. Vivaldi,
Sonate B-Dur,
Preludio Largo

Schriftlesung

Lk 3,1–6 nach Walter Jens

Seit fünfzehn Jahren, mein Theophilus,
war Tiberius Kaiser in Rom,
Pontius Pilatus gebot über Judäa,
in Galiläa herrschte Herodes,
sein Bruder Philippus war Landesherr von Ituräa
und Trachonitis
und Lysanias der Erste in Abilene:
In diesem Jahr nun, als das Hohepriesteramt bei
Hannas und bei Kaiphas lag,
geschah es, dass Gottes Wort an Johannes erging,
Zacharias' Sohn, der in der Einsamkeit war
und aufbrach, um überall,
im Land rings um den Jordan,
die Menschen zu taufen:
„Tut Buße, damit Gott eure Sünden vergibt,
so wie es geschrieben steht im Buch des Propheten
und wie's Jesaja gesagt hat:

Die Stimme. Der Schrei in der Wüste:
Macht den Weg frei für den Herrn!
Lasst ihm die Pfade eben sein
und gerade die Bahn.
Die Täler erfüllt und die Berge gesenkt!
Die Hügel sanft,
das Krumme gerade
und das Raue glatt!
Nur sanfte Wege,
keine Ecken und Winkel,
es ist Zeit, dass das Volk ihn erkennt,
den Retter, der es befreit."

Meditation

Da erging in die Wüste das Wort

In einer seltsamen und feierlichen Weise beginnt dieses Evangelium: Seit fünfzehn Jahren war Tiberius Kaiser in Rom ... Dann werden Namen genannt wie in einer alten Urkunde. Personen tauchen für einen Augenblick aus dem Dunkel der Geschichte auf: Herodes, Philippus, Lysanias, Hannas, Kaiphas. Doch dann geht es weiter: Sie alle waren nur genannt worden, um die Zeit genau zu bestimmen. Denn nun folgt in einem kleinen Satz das, worauf es dem Evangelisten eigentlich ankommt. Als das alles so war, da erging in die Wüste das Wort Gottes an Johannes, den Sohn des Zacharias.

Da erging das Wort Gottes ... Wer das Alte Testament kennt, dem kommen Bilder und uralte Worte in den Sinn bei diesem Satz. Bilder aus der Vorzeit, als Finsternis die Erde bedeckte und Dunkel die Völker; die Finsternis der Sünde und das Dunkel der Verlorenheit. Und wie Gott die Menschen nicht in diesem Dunkel lässt, sondern eines Tages heraustritt aus seiner Verborgenheit und wieder mit den Menschen spricht.

Da erging das Wort Gottes ... Der Herr sprach zu Abraham. Aus tausend Völkern sucht sich Gott irgendein Volk aus, irgendeinen Nomaden, der mit Zelten und Herden zwischen Euphrat und Tigris umherzieht. Gott macht mit Abraham einen neuen Anfang. Gott lässt sich wieder mit den Menschen ein. Gott fängt neu an, er setzt den Anfang von sich aus.

Damals, als das Wort Gottes an Abraham erging, da hat die Geschichte unseres Heiles begonnen. Und sie geht weiter. Denn immer wieder redet Gott mit

Abraham und mit seinen Nachkommen. Er redet zu Mose aus dem brennenden Dornbusch und zu den Israeliten aus dem Wolkendunkel des Sinai. Er ist kein toter Gott wie die Götter der Babylonier, der Assyrer und der Ägypter. Er lebt, er redet, er handelt an seinem Volk. Er spricht voller Macht – und doch so, dass der Mensch in Freiheit antworten kann.

Da erging das Wort des Herrn ... Es ergeht an Jeremias, es ergeht an Amos, es ergeht an Jona. So geht die Zeit dahin. Bis dann jenes Jahr kommt, in dem Tiberias 15 Jahre Kaiser ist und Pontius Pilatus Statthalter von Judäa.

Und wer etwas weiß von der Zeit damals, von dem Elend des jüdischen Volkes, von den religiösen Verwirrungen, der kann nur sagen: Da scheint nur noch Unheiliges und Profanes in der Welt zu sein, nichts mehr von Heilsgeschichte. Kein Wort mehr von Gott? Es scheint, dass Gott aufgehört hat zu sprechen!

Und doch, gerade zu diesem Zeitpunkt spricht Gott wieder sein Wort, erweckt er den größten aller Propheten. Gerade in dieser Zeit geht die Heilsgeschichte zwischen Gott und den Menschen auf ihren entscheidenden Punkt zu. Es ergeht in der Wüste das Wort Gottes an Johannes, den Sohn des Zacharias. Bei diesem Johannes ist es, wie es im Anfang bei Abraham war: Stumm, ohne ein einziges Wort der Widerrede, tut er, was Gott ihm sagt.

So wird Johannes zu einem würdigen Vorzeichen für das, was jetzt geschehen soll. Denn nun holt Gott zu seinem letzten Tun aus. Er macht das Größte, was überhaupt möglich ist. Er spricht sein größtes und heiligstes Wort, das nun in alle Ewigkeit gesprochen sein soll. Dieses Wort ist der Sohn

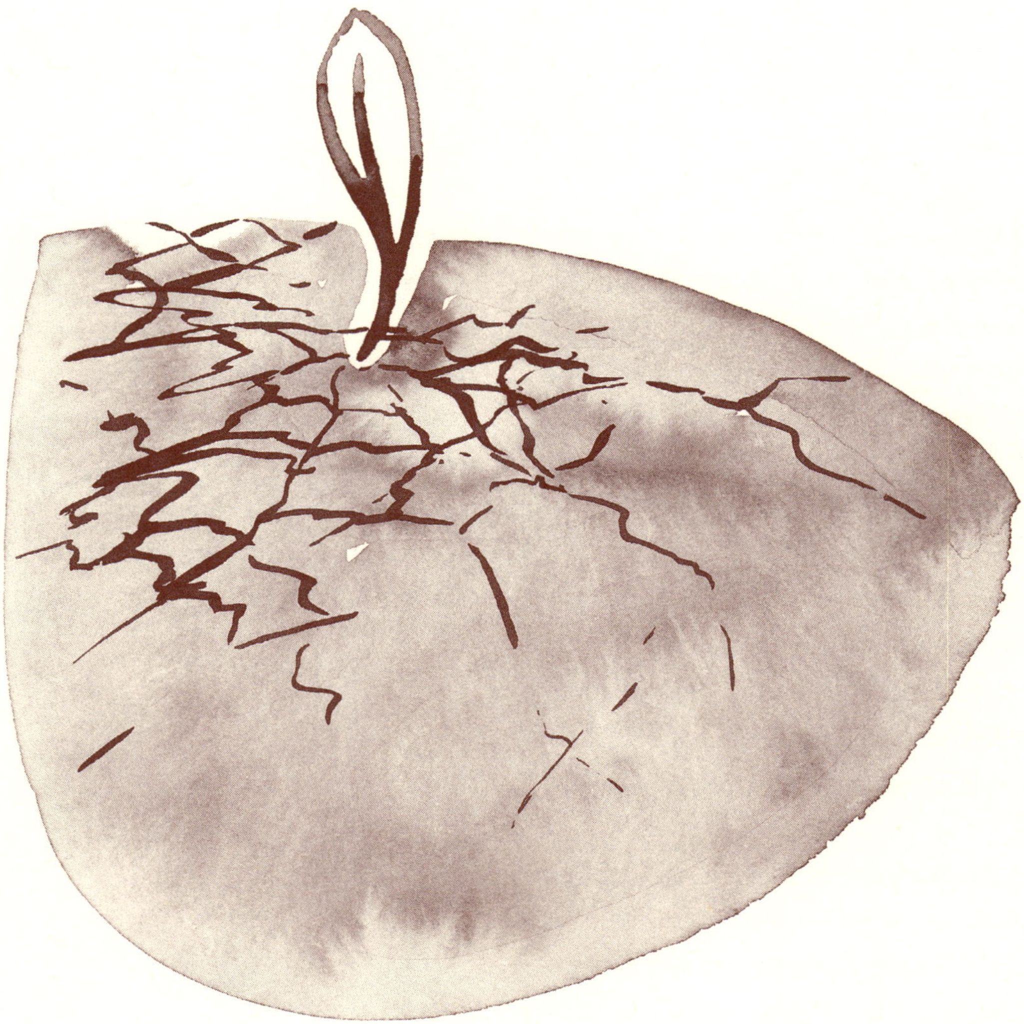

und der Sohn ist dieses Wort. Dieses Wort, es ist dagewesen für die Menschen vor uns, es ist da für uns und es wird auch für die Zukunft da sein.
Weil das so ist, wird nie mehr an einen heutigen Menschen das Wort Gottes ergehen, wie es im Alten und im Neuen Testament bei Lukas beschrieben ist: „Da erging das Wort Gottes".

Zu uns spricht Gott in einer Weise, wie er nie zu den Vätern gesprochen hat. Denn zu den Vätern sprach er durch Propheten. Uns aber hat er seinen Sohn gegeben und den Geist seines Sohnes. Darum ist der Kleinste im Himmelreich größer als Johannes.
Wir tragen das Wort Gottes selber in uns. Der Geist Gottes, er sagt uns, was Gott uns in Jesus Christus für immer und für alle Zeiten gesagt hat: dass er uns liebt und dass er diese Liebe nie mehr zurücknimmt. In diesem Sinn spricht Gott auch zu uns und ergeht sein Wort an uns.
Advent, das ist die Aufforderung an uns, hinzuhören auf dieses Wort Gottes. Advent, das ist Aufforderung an uns, still zu werden und nicht nur unseren eigenen Gedanken und unserem eigenen Reden nachzugehen. Denn hören kann man nur, wenn man schweigt. Eins mit den Menschen und eins mit Gott ist nur, wer hört.

CD Nr. 8

A. Vivaldi,
Sonate B-Dur,
Allemanda Allegro

Segensgebet

Gott der Zeiten und der Ewigkeit,
ich trage dein Wort in mir.
Dein Geist sagt mir,
was du in Jesus Christus für alle Zeiten
gesprochen hast:
Du liebst mich
und diese Liebe nimmst du nie mehr zurück.
Mach gerade das Krumme meiner Gedanken,
besänftige die Hügel meiner Lieblosigkeit
und glätte das Raue meiner Taten!
Führe mich auf sanften Wegen
und begleite mich mit deinem Segen,
du Gott, Vater,
Sohn und Heiliger Geist.
Amen.

10

Ich mache den hohen Baum niedrig,
den niedrigen mache ich hoch

CD Nr. 25

G. Ph. Telemann,
Partita V e-Moll,
Andante

Gebet

Guter Vater im Himmel,
du lässt aus kleinem Samen Großes wachsen.
Sei meine Stärke
und lass dein Reich in mir Gestalt annehmen,
damit alle Menschen deine schöpferische
Kraft erkennen,
an deine Liebe glauben
und die Freude des Himmels einst erreichen.
Das erbitte ich von dir
durch Jesus Christus, deinen Sohn,
der mit dir lebt als Gott von Ewigkeit zu Ewigkeit.
Amen.

Schriftlesung

Ez 17,22–24

So spricht Gott, der Herr: Ich selbst nehme ein Stück vom hohen Wipfel der Zeder und pflanze es ein. Einen zarten Zweig aus den obersten Ästen breche ich ab, ich pflanze ihn auf einen hoch aufragenden Berg. Auf die Höhe von Israels Bergland pflanze ich ihn. Dort treibt er dann Zweige, er trägt Früchte und wird zur prächtigen Zeder. Allerlei Vögel wohnen darin; alles, was Flügel hat, wohnt im Schatten ihrer Zweige. Dann werden alle Bäume auf den Feldern erkennen, dass ich der Herr bin. Ich mache den hohen Baum niedrig, den niedrigen mache ich hoch. Ich lasse den grünenden Baum verdorren, den verdorrten erblühen. Ich, der Herr, habe gesprochen und ich führe es aus.

Meditation

Ich mache den hohen Baum niedrig, den niedrigen mache ich hoch

Packen wir's an! – Packen wir's wirklich?
Eigenartig, es gibt beide Erfahrungen: „Frisch gewagt ist halb gewonnen" und die andere:
„Alles getan, aber nichts erreicht!"
Manchmal sind wir sicher, dass die Recht haben, die alles für machbar halten. Wir sehen schließlich ihre Erfolge. Wir hören ihre Parolen: „Wer sich nur richtig anstrengt, der setzt sich auch durch." – „Karriere macht, wer investiert: Zeit und Arbeitskraft, Geld und gute Beziehungen." Den richtigen Partner fürs Leben findet, wer nur lange genug sucht. Manche Ehe-Institute setzen gleich auf Computertechnik. Religiöses Gefühl stellt sich ein, wenn wir die richtige Meditationstechnik anwenden. Das Bewusstsein weitet sich, wenn einer die richtigen Kurse bucht. Erfolg in der Schule ist eine Frage der richtigen Pillen und wie ich Freunde finde und glücklich werde, sagt mir ein Buch. Geht es tatsächlich so?
Eine seltsame Welt wäre das. Eine Welt der Macher. Eine selbst gemachte Welt und ein ganz und gar selbst gezimmertes Glück, ein Glück zum Greifen nah und eigenartig verfügbar. Aber gerade darum ist dieses hausgemachte Glück immer auch ein bisschen langweilig. Kein Platz mehr für den Zufall, kein Geschenk mehr und keine Überraschung. Ein hohles Glück.
Immer geht es nur um die Verlängerung meiner Möglichkeiten. Immer ist da die Gefahr, dass am Ende meine Sehnsucht verkümmert und dass bloß noch die Sucht zurückbleibt: die Sucht nach mehr Genuss, die Sucht nach höherer Leistung, die Sucht nach größerer Ausbeute. Eine kalte Welt wird das: Beziehungen werden ausgequetscht und darauf befragt, was sie bringen. Begegnungen werden stocktrocken, weil ich nur noch das erwarte, was ich zuvor klug programmiert habe.
Die Bilanz ist traurig: Wer alles machen will, der bleibt am Ende ganz allein mit sein Gebilden – wie die Raupe eingesponnen in den eigenen Faden. Manchmal auch verstrickt in die eigene Schuld. Wahrlich kein Zeichen von Lebendigkeit, nichts zu spüren von Lebensfreude. Mich erschreckt dieses

Muster für Leben. Aber ich weiß, es ist ganz nach dem Strickmuster unserer Tage. Die Welt der Macher! Haben die Macher tatsächlich das letzte Wort? Ist die Langeweile, ist der Verlust an Lebendigkeit, ist der Verzicht auf den Ausblick über den Rand unserer selbst gezimmerten Welt eben einfach der Preis für die großartigen schöpferischen Fähigkeiten des Menschen? Muss es so kommen?
Das Alte Testament entlarvt die Faszination des scheinbar so Starken. Es erzählt aus der Geschichte Jerusalems und seiner Könige. Jerusalems König hatte kluge Politik gemacht, Schaukelpolitik zwischen den Mächtigen. Er hatte die planvolle Sicherung seines Reiches betrieben – gezielter Einsatz aller Kräfte. Er ging unter und mit ihm seine ganze Stadt. Fazit: Es ist eben nicht alles beherrschbar. Wir können nicht alles machen. Das Risiko, das Lebensrisiko lässt sich nirgendwo ausschalten. Es bleibt, wo Leben ist und solange Leben ist. Trotzdem hat nicht die Resignation das letzte Wort. Der Prophet schaut weiter als der Politiker. Wer mit Gott rechnet, ist offen für das Ungeplante, für ganz Neues. Er durchschaut das Spiel der Mächtigen. Er sieht, wie Gott in allem am Werk ist. In immer neuen Bildern lässt der Prophet darum die alte Verheißung aufleben: Gott schafft seinem Volk Leben und Zukunft. Einen zarten Zweig pflanzt Gott ein. Der wird Früchte tragen gegen allen Augenschein. Der Prophet lädt ein, das Drama des Vertrauens zu leben – mitten in einer selbst gemachten Welt. Das Neue Testament knüpft mit gutem Grund daran an. Dieser Grund hat Namen und Gesicht und Geschichte: Er heißt Jesus von Nazaret. Der feste Boden, auf dem die Zukunftsvision einer ganz anderen Welt ersteht, ist die Geschichte seines Lebens, die Geschichte eines Menschen mit grenzenlosem Gottvertrauen, eine Lebensgeschichte mit der Höhe der Verklärung und zugleich mit der Tiefe des Todes. Eine Lebensgeschichte, die Gott sich zu Eigen macht. Ostern ist die Frucht seiner Phantasie, ist Gottes große Tat – kein Hirngespinst der Jünger! Mit ihm, mit Jesus Christus, beginnt eine neue Zeit. Mit dem Reich Gottes ist es nämlich so: Der Same

keimt und wächst und die Erde bringt ihre Frucht ganz von selbst. Der Mann weiß nicht, wie! Und aus dem winzigsten Anfang, unscheinbar und klein wie ein Senfkorn, wird mehr wachsen als unsere Phantasie sich ausmalen kann! Im Reich Gottes wird es anders sein als in der Welt der Macher: staunen statt machen, wachsen lassen statt großziehen, Vertrauen statt Sicherheit, leben statt vollstrecken. Eine ganz neue Welt wird das sein und ein ganz neues Leben. Wir können endlich wieder anderem begegnen als nur dem Machwerk unserer Hände. Wir können wieder Neues entdecken, wir können wieder leben und genießen und uns freuen und wir vollstrecken nicht mehr nur unsere eigenen Pläne. Ungezählt sind dann unsere Möglichkeiten, ganz zu schweigen von den Möglichkeiten Gottes mit uns! Vielleicht dürfen wir das Wort des Propheten Ezechiel für uns lesen als eine Verheißung, die gerade uns zugesagt ist. Das könnte so klingen: So spricht Gott, der Herr: Ich selbst nehme ein Stück vom hohen Wipfel der Zeder eurer selbst gemachten Zukunft, vom großen Baum eurer mühsam erstrebten Erfolge und eures teuer bezahlten Luxus. Ich nehme eurem so teuer erkauften Fortschritt ganz einfach die Spitze. Einen zarten Zweig aus den obersten Ästen breche ich ab. Gerade den zarten Trieb, der euch nichts mehr wert ist. Ihn pflanze ich auf einen hoch aufragenden Berg, damit alle ihn sehen. Den zarten Zweig nämlich von Geduld und Aufrichtigkeit, von echter Zuneigung und uneigennütziger Liebe, von wacher Erwartung für das Kommende. Ihr aber, ihr werdet euch wundern: Er wird Früchte tragen und wird zur prächtigen Zeder. Allerlei Vögel werden darin wohnen. Den hohen Baum eurer Selbstsucht, den mache ich niedrig. Den mühevoll großgezogenen Baum eurer Selbstüberschätzung, den lasse ich verkümmern. Den niedrigen Baum aber, den, der bei euch zu verdorren droht, den Baum des Vertrauens, ihn lasse ich wachsen und blühen. Ich führe es aus, ich, der Herr.

CD Nr. 28

G. Ph. Telemann,
Partita V e-Moll,
Aria 3, Vivace,
Aria 4, Siciliana

Gebet

Gott, mein Schöpfer,
mit Jesus Christus, deinem Sohn,
hat eine neue Zeit begonnen:
Der Same keimt und wächst
und die Erde bringt ihre Frucht
ganz von selbst hervor.
Mach den hohen Baum meiner Selbstsucht niedrig
und lass den mühevoll großgezogenen Baum
meiner Selbstüberschätzung verkümmern.
Den niedrigen Baum des Vertrauens aber lass
wachsen und blühen,
du Gott, Vater im Himmel,
der du im Heiligen Geist
mit Jesus Christus lebst in Ewigkeit.
Amen.

Segen

Segne mich, guter Gott:
Vater, Sohn und Heiliger Geist.
Amen.

II

Sucht ihn bei den Schwachen,
bei den Armen, bei den Hilflosen

CD Nr. 11

D. Buxtehude,
Choralvorspiel
„Erhalt uns, Herr, bei deinem Wort",
BuxWV Anh. 44

Gebet

Gott, Gerechter und Richter!
Mehr, größer, schöner –
das sind Worte, nach denen ich oft handle;
sie bestimmen mich,
sind wie Überschriften über meinem Leben.
Wie in einer Spirale fühle ich mich immer weiter angetrieben.
Du hast dem ein Ende gemacht,
du hast deinen einzigen Sohn dieser Welt von
„größer und schöner" geschenkt,
um die Spirale zu beenden.
Er ist die unbezahlbare Hoffnung,
er ist mein unverdientes Glück.
Lenke meinen Blick immer wieder auf dieses Andere,
auf das Wahre, letztlich hin zu dir.
Das erbitte ich durch ihn,
Jesus, den Christus,
den Retter und Erlöser,
der mit dem Heiligen Geist
bei dir lebt in Ewigkeit.
Amen.

Schriftlesung

Amos 8,4–7

Hört dieses Wort, die ihr die Schwachen verfolgt
und die Armen im Land unterdrückt.
Ihr sagt: Wann ist das Neumondfest vorbei?
Wir wollen Getreide verkaufen.
Und wann ist der Sabbat vorbei?
Wir wollen den Kornspeicher öffnen,
das Maß kleiner und den Preis größer machen
und die Gewichte fälschen.
Wir wollen mit Geld die Hilflosen kaufen,
für ein paar Sandalen die Armen.
Sogar den Abfall des Getreides
machen wir zu Geld.
Beim Stolz Jakobs hat der Herr geschworen:
Keine ihrer Taten werde ich jemals vergessen.

CD Nr. 2

G. F. Händel,
Fitzwilliam Sonata II d-Moll,
Andante

Schriftlesung

Lukas 16,1–13

Jesus sagte zu den Jüngern: Ein reicher Mann hatte einen Verwalter. Diesen beschuldigte man bei ihm, er verschleudere sein Vermögen. Darauf ließ er ihn rufen und sagte zu ihm: Was höre ich über dich? Leg Rechenschaft ab über deine Verwaltung! Du kannst nicht länger mein Verwalter sein. Da überlegte der Verwalter: Mein Herr entzieht mir die Verwaltung. Was soll ich jetzt tun? Zu schwerer Arbeit tauge ich nicht, und zu betteln schäme ich mich. Doch – ich weiß, was ich tun muss, damit mich die Leute in ihre Häuser aufnehmen, wenn ich als Verwalter abgesetzt bin. Und er ließ die Schuldner seines Herrn, einen nach dem andern, zu sich kommen und fragte den ersten: Wie viel bist du meinem Herrn schuldig? Er antwortete: Hundert Fass Öl. Da sagte er zu ihm: Nimm deinen Schuldschein, setz dich gleich hin und schreib „fünfzig". Dann fragte er einen andern: Wie viel bist du schuldig? Der antwortete: Hundert Sack Weizen. Da sagte er zu ihm: Nimm deinen Schuldschein und schreib „achtzig". Und der Herr lobte die Klugheit des unehrlichen Verwalters und sagte: Die Kinder dieser Welt sind im Umgang mit ihresgleichen klüger als die Kinder des Lichtes.
Ich sage euch: Macht euch Freunde mit Hilfe des ungerechten Mammons, damit ihr in die ewigen Wohnungen aufgenommen werdet, wenn es mit euch zu Ende geht. Wer in den kleinsten Dingen zuverlässig ist, der ist es auch in den großen, und wer bei den kleinsten Dingen Unrecht tut, der tut es auch bei den großen. Wenn ihr im Umgang mit dem ungerechten Reichtum nicht zuverlässig gewesen seid, wer wird euch dann das wahre Gut anvertrauen? Und wenn ihr im Umgang mit dem fremden Gut nicht zuverlässig gewesen seid, wer wird euch dann euer wahres Eigentum geben?
Kein Sklave kann zwei Herren dienen; er wird entweder den einen hassen und den andern lieben, oder er wird zu dem einen halten und den andern verachten. Ihr könnt nicht beiden dienen, Gott und dem Mammon.

Meditation

Vergiss um Gottes willen die Armen nicht

Wir müssen alle sehen, wie wir zurechtkommen. Wer viel Geld verdient, wirtschaftet im großen Rahmen. Wer ein kleines Einkommen hat, der muss mit seinen bescheidenen Mitteln auskommen. Auf Hab und Gut achten, das muss wohl jeder: Christen und Nichtchristen, gläubige Menschen und solche, die sich in ihrem Leben ohne Gott eingerichtet haben. Ohne Geld geht es nicht – und manchmal sorgen uns Geld und Gut umso mehr, je weniger davon wir haben. Eigenartig: diese Macht des Besitzes, das Streben nach Mehr!

Da hinein ruft der Prophet Amos seinen Einspruch: Gescholten werden diejenigen, die die Schwachen verfolgen und die Armen unterdrücken. Aufgedeckt wird, dass sie Maße und Gewichte fälschen, dass sie mit Geld die Hilflosen kaufen und für ein Paar Sandalen die Armen. Mit dem Finger zeigt der Prophet auf die, die sogar den Abfall des Getreides noch zu Geld machen. Amos schließt mit einer Gottesrede: Beim Stolz Jakobs hat der Herr geschworen: Keine ihrer Taten werde ich jemals vergessen.

Der Prophet hat ein Gespür dafür, wo Gott steht: Der Gott Israels steht bei den Armen und Schwachen, bei den Hilflosen und bei den Übervorteilten. Mit denen, die um jeden Preis Gewinn machen, hat dieser Gott nichts im Sinn. Amos provoziert Fragen: Auf welcher Seite willst du stehen? Was bedeutet dein Geld für dich? Welchen Stellenwert hat dein Besitz? Das Lukasevangelium geht anders an die Fragen heran. Jesus erzählt von dem pfiffigen Verwalter, der weiß, dass er für die Arbeit nicht taugt, und der sich deshalb so einrichtet, dass für die Zeit nach seiner Entlassung vorgesorgt ist. Die begünstigten Schuldner werden ihn aufnehmen und freihalten. Gut gemacht, jedenfalls nach den üblichen Maßstäben der Welt. Ein lebenstüchtiger Mann. Ein Mann von Welt eben.

Geht es bei den Christen, geht es bei uns ähnlich zu? Vermutlich könnten fast alle eine Geschichte davon erzählen, wo sie sich als lebenstüchtig nach den Maßstäben unserer Gesellschaft erwiesen haben: beim Autokauf etwas heruntergehandelt; gut überlegt die Schnäppchen ausgenutzt; vom Vermieter nicht über den Tisch ziehen lassen oder die überzogenen Wünsche der Mieter rechtzeitig zurechtgestutzt; einen klugen Vertrag abgeschlossen und vieles mehr. Die meisten Christen können das wie alle anderen auch. So viel zur Welt. Und zu unserem Umgang mit ihr.

Der Herr geht aber weiter: Warum nur – so fragt er – warum nur sind die Kinder des Lichtes, diejenigen also, die an Gott glauben, dann nicht ebenso klug und so pfiffig in ihren ureigenen Angelegenheiten? Das heißt doch wohl: Warum sind die Christen mit den Anliegen und den Maßstäben des Glaubens nicht mindestens so selbstverständlich vertraut wie mit den Dingen der Welt? Warum sind sie, wenn es um das Leben aus dem Glauben geht, darin nicht ebenso geübt wie die anderen und sie selbst im Umgang mit den üblichen Spielregeln ihrer jeweiligen Gesellschaft, wenn's um Hab und Gut und Alltagsdinge geht?

Damit wir es recht verstehen: Wirtschaften ist nicht von Übel und Geld ist nicht einfach schlecht. Darum geht es nicht. Klugheit im Umgang mit der Welt ist nicht vom Teufel und Lebenstüchtigkeit spricht nicht gegen echte Frömmigkeit. Das meint Jesus wohl nicht. Und auch der Evangelist denkt nicht in diese Richtung. Ich muss aber sagen, wo ich stehe, in welchen Bahnen ich denke, woran ich mich halte, was mir wertvoll und was mir wichtig ist und schließlich, an welcher Stelle Gott für mich steht. Da fällt die Entscheidung. Das gilt für den Propheten Amos. So predigt Jesus Christus. Und davon geht Lukas aus, wenn er versucht, seine Gemeinde auf dem rechten Weg zu halten.

Mir scheint die Blickrichtung wichtig und ungewöhnlich zugleich. Es geht darum, scheinbar bloß innerweltliche Fragen und die Frage nach dem Ewigen zusammen zu sehen. Die Mahnung heißt: Sieh beim Blick auf den Menschen zugleich deinen Gott. Frage nach der Gerechtigkeit, die an Gottes Gerechtigkeit Maß nimmt. Suche bei dem, was dich jeden Tag beschäftigt, ob es vor Gott und vor dem Evangelium bestehen kann. Gute Geschäftsleute wissen fast von allein, was Gewinn bringt und wo ein Verlust lauert. Warum haben Christen manchmal so wenig Gespür dafür, was sie mit Gott zusammenbringt und was sie von Gott wegdrängen wird? Die alte Frage bekommt hier neues Gewicht: Was ist mit den Armen bei euch?

Ich vermute, dass es Ihnen dabei nicht anders geht als mir. Die Armut ist für mich oft nicht auf den ersten Blick erkennbar und ich kann auch nicht gegen jede Armut sofort angehen. Dazu fehlen mir die Mittel und die Kraft. Aber wenn wir Gott suchen und finden wollen, dann dürfen wir die Armen nicht ausblenden und an den Hilflosen nicht vorbeisehen.

Es gibt Menschen, deren Armut Einsamkeit heißt. Alte sind damit gemeint, die niemanden haben. Junge kommen in den Blick, die beziehungslos leben und sich allein gelassen vorkommen. Schülerinnen und Schüler, denen der Schulalltag zu schaffen macht und die sich dabei von allen verlassen fühlen. Was passiert, wenn wir diese Einsamen, diese Armen aus dem Blick verlieren? Wir sehen mehr und mehr an Gott vorbei! Was ist, wenn wir unsere Sorge um die Armen zurückstellen? Wir sind im Umgang mit unseren Werten nachlässiger und ungeschickter als der ungerechte Verwalter in seinem Umgang mit dem Geld!

Es könnte wohltuend für unsere Welt sein, wenn wir Christen an die erinnerten, die unbeachtet unter die Räder kommen oder längst abgeschrieben sind. Von Gott wird dann wieder mehr die Rede sein!

Gebet

Gott,
du bist die Wahrheit,
du die Güte und Hoffnung!
Erinnere mich immer wieder an die Schwachen,
lenk meinen Blick auf die Kleinen,
die unter die Räder kommen.
Hilf mir, zu denen zu gehören,
die die Rede auf dich bringen,
wenn Wegsehen und Untätigkeit
das Elend totschweigen.
Du bist meine Kraft und Stärke,
du der dreifaltige Gott,
der Vater, der Sohn und der Heilige Geist.
Amen.

Segen

Segne mich, Gott des Himmels,
und begleite mich durch alle Tage.
Im Namen des Vaters und des Sohnes
und des Heiligen Geistes.
Amen.

12

Vor Gott der Erste sein

Gebet

Gott, Anfang und Ende!
Niemals verlässt du mich.
Ich könnte mich noch so weit von dir wegdenken,
doch auch dann bist du bei mir.
Vor dir zählen nicht Ansehen und Macht,
du siehst auf die Person,
du schaust bis in mein Herz.
Ich danke dir für deine Milde und Güte,
dafür, dass ich nicht groß sein muss,
um dir zu gefallen.
All deine Liebe schenkst du mir ganz
ohne Gegenleistung,
denn du bist gnädig und barmherzig.
Dir sei Lobpreis und Ehre,
der du mit deinem Sohn im Heiligen Geist
lebst und für mich da bist in Ewigkeit.
Amen.

CD Nr. 26

G. Ph. Telemann,
Partita V e-Moll,
Aria 1, Vivace

Schriftlesung

Mk 9,33–37 nach Walter Jens

Und ich erzähle,
wie sie abermals nach Kapernaum kamen
und er sie fragte, drinnen im Haus:
„Sagt, woran habt ihr gedacht, auf dem Weg?
Ich hörte euch streiten: worüber?"
Da schwiegen sie und wagten ihm nichts zu sagen:
„Wir wollen wissen, wer der Erste unter uns ist,
doch wir sind nicht einig geworden."
Er aber setzte sich nieder
und rief sie zu sich, die Zwölf.
„Ich sage euch, und das ist wahr:
Wer der Erste sein will,
sei der Letzte von allen,
und wer herrschen will, sei ein Knecht."

Dann nahm er ein Kind,
stellte es in ihre Mitte,
umarmte es und sagte zu ihnen:
„Wer in meinem Namen eines dieser Kinder hier
aufnimmt und es behütet,
der hat mich aufgenommen,
und wer mich aufnimmt,
der nimmt Gott auf,
der mich gesandt hat."

Meditation

Vor Gott der Erste sein

„Wer der Erste sein will, soll der Letzte von allen und der Diener aller sein." Da schütteln normale Zeitgenossen den Kopf! Das geht uns völlig gegen den Strich: Der Letzte von allen und der Diener aller sein, weltfremder geht's wohl kaum noch!

Du liebe Zeit, wer will denn mit so etwas heute noch ankommen! Das klingt irgendwie muffig und zurückgeblieben, Trost für die, die es zu nichts bringen und die sich selbst nicht viel zutrauen. Nein, wir wollen nicht die Letzten sein! Wir wollen die Nase vorn haben, wir wollen weiterkommen. Wir wollen nicht verzichten, wir wollen keine Opfer bringen. Genießen will ich, das Leben auskosten und ja nichts auslassen!

Aber genau hier setzt Jesus ein Fragezeichen: Seid ihr wirklich so sicher, dass euch das ein Leben lang ausfüllen kann? Jung sein, gesund sein, sich alles leisten können, Erfolg haben – sind das die letzten Werte, die euer Handeln bestimmen? Glaubt ihr im Ernst, dass das reicht? Habt ihr das nicht alle schon einmal erfahren, wie einsam man wird, solange man nur an sich selber denkt und um sich selber kreist? Jesus will unser Erfolgsdenken in Frage stellen und unseren Egoismus. Eigentlich wird man erst richtig glücklich, wo man nicht für sich lebt, sondern für andere! Jesus zeigt einen anderen Weg: einen Weg, der auf den ersten Blick vielleicht schwerer und unbequemer erscheint; einen Weg, der auch Opfer und Verzicht und Zurückstehen verlangt, nicht, weil die Welt schlecht wäre, sondern weil nichts den Menschen im Tiefsten glücklicher machen kann als ein anderer Mensch. –

Doch dieses Glück fällt einem nicht in den Schoß. Das kostet Anstrengung – aber diese Anstrengung lohnt. Solange wir nur auf uns selber bezogen bleiben, leben wir am eigentlichen Glück vorbei!

Die Jünger Jesu, auch sie glauben, Nachfolge habe etwas zu tun mit Ansehen und Geltung. Reich Gottes, das sei etwas, wo es darum ginge, der Erste zu sein und nicht der Letzte, geachtet und nicht ungeachtet.

Doch im Reich Gottes geht es nicht darum, etwas zu erstreben: mit breiten Ellenbogen jetzt nach

„oben" zu wollen oder in falscher Demut sich jetzt als Letzter in die Reihe derer zu stellen, die Jesus nachfolgen. Die Umkehrung, nicht der Erste, sondern der Letzte zu sein, sagt gar nichts über eine Rangfolge, nach der wir gewöhnlich die Welt und die Menschen einteilen. Nicht der Erste, sondern der Letzte sein, das sagt etwas darüber, was den Menschen glücklicher macht, was ihn glücklicher machen kann. Nicht das Streben nach den ersten und den besten Plätzen ist das! Die hat Jesus nicht zu vergeben, wenn er das Reich Gottes verkündet. Das Kind, das Jesus zu sich ruft, soll deutlich machen, was er meint: Ein Kind braucht den anderen Menschen. Ein Kind ist ein Mensch, der noch vorbehaltlos vertrauen kann und so auch Vertrauen erfährt und Liebe.

Wer Jesus nachfolgt, heißt das, der muss auf den blicken, der ihn trägt. Wer Jesus nachfolgt, der muss sich vergessen können und seine Interessen und das, was vielleicht für ihn dabei herauskommt. Das sagt uns Jesus.

Und noch eines sagt er uns. Das ist vielleicht noch wichtiger für uns Menschen, die aus sind auf Erfolg und Ansehen: Er sagt uns, dass der Mensch das auch eigentlich kann, von sich absehen und auf den hinsehen, der ihn trägt, Jesus Christus. Weil der Mensch es hier mit Gott zu tun hat, wenn er auf Jesus blickt, darum kann er das und darf es getrost tun. Wer glaubt und sich glaubend Jesus anvertraut, der hat seinen Halt an dem, der den Menschen erst Halt geben kann, Gott. Wir müssen uns nicht auf die Suche begeben nach dem, was uns Glück bringt und was dann doch nur Ergebnis unseres menschlichen Suchens bleibt. **Das** Glück für uns Menschen kommt auf uns zu in der Person Jesu Christi. Ihm können wir uns vertrauensvoll zuwenden, so, wie sonst nur ein Kind vertrauen kann, das spürt, ob da jemand ist, zu dem es Vertrauen haben kann. Vertrauen haben zu Jesus Christus, das heißt der Letzte sein. Und dann ist der Letzte der Erste, der Erste vor Gott, aber nicht unbedingt der Erste vor den Menschen.

CD Nr. 27

G. Ph. Telemann,
Partita V e-Moll,
Aria 2, Presto

Gebet

Gott, Vater im Himmel,
wenn ich Jesus nachfolgen will,
dann muss ich auf ihn selbst blicken,
weil er mich ansieht.
Wenn ich Jesus nachfolge,
dann muss ich mich vergessen können und
meine Interessen.
Dein Glück für die Menschen
kommt auf mich zu in der Person Jesu Christi.
Lass nicht zu, dass ich mich aus deiner
Gemeinschaft hinauslebe
und schenke mir Vertrauen zu ihm,
der bei mir bleibt an allen Tagen.
So segne mich und mein Leben,
du Gott, Vater, Sohn und Heiliger Geist.
Amen.

13

Stern über Betlehem

CD Nr. 14

A. Vivaldi,
Sonate d-Moll,
Largo, Allegro

Gebet

Gott, unser Retter und Vater im Himmel,
du bist der Herr über Zeit und Ewigkeit,
dein sind die Tage und Stunden,
die Minuten und Sekunden.
Wunderbar hast du alles geschaffen,
dein Schöpferatem hält mich am Leben.
Sei mit deinem Geist bei mir,
schenke mir Zuversicht und Hoffnung.
Sei du das Licht,
der Stern,
der mir deine Nähe zeigt.
Dir sei der Lobpreis und die Ehre,
dir, dem Vater, dem Sohn
und dem Heiligen Geist.
Amen.

Schriftlesung

Lk 2,1-14 nach Fridolin Stier

Es geschah in jenen Tagen: Eine Verfügung ging von Kaiser Augustus aus, die ganze bewohnte Welt sei aufzuschreiben. Diese Aufschreibung geschah erstmals, als Quirinius Statthalter von Syrien war. Und alle machten sich auf, um sich aufschreiben zu lassen, ein jeder in seiner Vaterstadt.
Auch Josef stieg von Galiläa, aus der Stadt Nazaret, nach Judäa hinauf zur Stadt Davids, die Betlehem heißt – er war ja aus Davids Haus und Vaterstamm –, um sich aufschreiben zu lassen mit Maria, der ihm Anverlobten. Die war schwanger. Da geschah es: Während ihres Dortseins erfüllten sich die Tage ihres Gebärens. Und sie gebar ihren Sohn, den Erstgeborenen, und sie wickelte ihn und legte ihn in einen Futtertrog, weil in der Einkehr kein Platz für sie war.
Auch Hirten waren in demselben Land auf freiem Feld – Nachtwache wachend bei ihrer Herde. Und da! Ein Engel des Herrn trat zu ihnen und Herrlichkeit des Herrn strahlte rings um sie auf. Und Furcht überkam sie – große Furcht. Und der Engel sprach zu ihnen: Ängstet euch nicht! Denn da! Heilsbotschaft bringe ich euch – große Freude, die dem ganzen Volk widerfahren wird: Ein Retter ward euch geboren – er ist der Messias, der Herr – in Davids Stadt. Und dies sei euch das Zeichen: Ein Neugeborenes werdet ihr finden, das gewickelt ist und in einem Futtertrog liegt. Und plötzlich war da zusammen mit dem Engel eine Menge himmlischer Heerschar, die Gott lobte und sagte:
Herrlichkeit Gott: in den Höhen!
Und auf Erden: Friede den Menschen seines Gefallens!

Meditation

Stern über Betlehem

Ein Stern geht auf über Betlehem. Für einen Augenblick leuchtet sein mildes Licht durch die Nacht. Heute ist euch in der Stadt Davids der Retter geboren, er ist der Messias, der Herr.
Heute, das ist eine Nacht vor mehr als 2 000 Jahren. Heute, das ist eine Nacht von vielen für die Hirten auf den Feldern vor den Toren der Davidsstadt. Heute. Bei uns ist das die Nacht, in der die Weihnachtsbäume ihr Licht verbreiten. Heute ist jetzt, und jetzt ist uns der Retter geboren, Christus, der Herr.
Für einen Augenblick ist es, als hielte die Welt den Atem an. Sie wirft einen flüchtigen Blick zurück. 2 000 Jahre zurück. Staunend betrachtet sie das Kind im Stall von Betlehem.
Verwundert blicken wir in jenen Winkel der Welt, von dem der Ruf ausgeht: Heute ist euch der Retter geboren, ein Kind im Stall. Und der Stern leuchtet über Betlehem.
Ein friedvolles Traumbild? Schlichte Krippen-Romantik: Die jugendliche Mutter wiegt das Kind in ihrem Arm, der Vater steht schützend dabei? Der Blick nach Betlehem zeigt die blutigen Auseinandersetzungen um ein zerrissenes Land. Da ist kein Friede. Terror und Gewalt drängen sich in den Vordergrund. Der Blick nach Betlehem geht nicht an unserer Welt vorbei. Heute, das heißt nicht neben unserer Zeit.
Heute ist auch: Das Fährunglück auf den Philippinen, das mehr als 1 500 Menschen das Leben kostet. Heute ist auch das Weihnachtsfest in den Familien, in denen Väter oder Mütter ihre Arbeit verloren haben. Heute ist der Tag, der alles kennt, den Gang auf den Friedhof, wo wir die Mutter begruben, den Besuch im Krankenhaus, wo ein Angehöriger liegt, die Begegnung mit dem, von dem Welten uns trennen. Heute ist Arbeitskampf, ist Friedlosigkeit, ist Streit unter Politikern und Krach in Familien.
Und doch: Heute ist uns der Retter geboren, der Messias, der Herr. Und der Stern über Betlehem spricht seine eigene Sprache.

War denn je heile Welt, als diese Botschaft verkündet wurde? Der Prophet Jesaja ruft den Bewohnern des zerstörten und verwüsteten Landes die Botschaft von der Geburt des königlichen Kindes zu. Auf den Trümmern des Landes steht dieser Rufer des Herrn. Denen, die unter Lasten stöhnen, verkündet er die nahe Befreiung: ein Ende aller Zwangsherrschaft, das Zerbrechen des Joches, die Vertreibung der Soldaten. Denn so ruft er: Ein Kind ist uns geboren, ein Sohn ist uns geschenkt.
Wie ein leuchtender Stern in dunkler Nacht steht diese Botschaft da.
Kein Appell an die Bewohner Jerusalems zu höherer Leistung. Kein Aufruf, den Anfang zu machen mit dem Frieden. Der Prophet richtet auf, indem er auf etwas Neues, Unverbrauchtes, Unverfügbares verweist: ein kleines Kind, der Säugling in der Krippe. Ein Anfang, den keiner gemacht hat, ein Anfang, der allen geschenkt wird. Der leidenschaftliche Eifer des Herrn der Heere wird das vollbringen. Und nur grenzenlose Selbstüberschätzung der Menschen könnte meinen, die Zukunft machen wir selbst.
War je heile Welt, als die Botschaft vom Kind verkündet wurde? Der Apostel sieht seine zerstrittene Gemeinde, die müde wird im Warten auf den Herrn. Und in dieser Gemeinde gibt es alles, was das Leben eines Menschen ausmacht. Da erinnert der Apostel an die Güte Gottes, die in unserer Welt erschienen ist. Wie ein Licht in einer finsteren Nacht.
Und als der Evangelist Lukas die Botschaft vom Kind in Betlehem schrieb, da war Jerusalem erobert und zerstört, da hörte eine Gemeinde, die im besetzten Land lebte und litt, diese Worte. Alles andere als heile Welt und doch: Heute ist euch der Retter geboren, es ist Christus, der Herr. Und sein Licht leuchtet in aller Finsternis der Welt.
Für einen Augenblick schauen wir zurück. Wir sehen die Krippe und den Stall. Wir sehen die Stationen unseres Lebens. Wie wir als Kinder dieses Fest ersehnt und gefeiert haben. Wie wir dieses Fest ge-

feiert haben in allen Lagen unseres Lebens. Heute, wann war das nicht alles schon? Als junge Familie, in glücklichen Tagen im Freundeskreis, bitter alleine, als ein lieber Mensch uns verließ, in großer Freude, als alles in Ordnung war und es uns gut erging. Und das Heute gilt.
Heute schenkt Gott der Welt ein Kind. Er macht von sich aus den Anfang. Ein gnädiger Anfang für unser Heil. Nicht einmal zu unserem Besten setzt Gott uns matt und geht über uns weg. Nein, er sucht im Verborgenen unsere Welt und unser Leben auf – und wir sind gerufen, ihn anzuschauen und Ja zu sagen. Er lädt uns ein, die Botschaft zu hören und den Anfang an uns geschehen zu lassen. Den Anfang, den kein Mensch gemacht hat, nicht Maria und Josef, kein Mächtiger und kein Macher. Den Anfang macht Gott mit dem Kind in der Krippe: ein Kind, das das Leben vor sich hat – ein Leben wie unseres, von Kindesbeinen angefangen bis zum Sterben auf Golgota und zum Leben am Ostertag.

Ein Stern geht auf über Betlehem und über uns. Das ist heute. Die Welt schaut zurück und sieht ihre eigene Geschichte. Wir blicken zurück in die Geschichte unseres Lebens. Wie vielfältig hat das Leben gespielt und wie unterschiedlich waren die Weihnachtsfeste!
Doch heute ist uns ein neuer Anfang geschenkt. Heute, im Licht dieser heiligen Nacht.

CD Nr. 29

G. Ph. Telemann,
Partita V e-Moll,
Aria 5, Vivace,
Aria 6, Presto

Segensgebet

Allmächtiger, guter Gott,
du Beschützer aller, die auf dich vertrauen.
Du bist in deinem Sohn Jesus Christus in meine kleine Welt gekommen.
Bleib bei mir, wenn Dunkel über mich kommt.
Sei mit dem Licht der heiligen Nacht
auf meinen Wegen
und begleite mich.
Schütze mich, wenn mein zarter Neuanfang erdrückt wird,
du mein Frieden, mein Glück, meine Zuversicht.
Dein Segen komme über mich
und bleibe bei mir.
Im Namen des Vaters, des Sohnes und
des Heiligen Geistes.
Amen.

CD-Verzeichnis

1 E. Černyšev, Choralimprovisation über „Nun danket alle Gott"
2 G. F. Händel, Fitzwilliam Sonata II d-Moll für Altblockflöte und Basso continuo, Andante
3 G. F. Händel, Fitzwilliam Sonata II d-Moll für Altblockflöte und Basso continuo, Andante-Allegro, Menuet
4 E. Černyšev, Choralimprovisation über „Jesu, geh voran"
5 G. Frescobaldi, Canzona detta La Bernardinia für Sopranblockflöte und Basso continuo
6 E. Černyšev, Choralimprovisation über „Macht hoch die Tür"
7 A. Vivaldi, Sonate B-Dur für Violoncello und Basso continuo, Preludio Largo
8 A. Vivaldi, Sonate B-Dur für Violoncello und Basso continuo, Allemanda Allegro
9 A. Vivaldi, Sonate B-Dur für Violoncello und Basso continuo, Largo
10 A. Vivaldi, Sonate B-Dur für Violoncello und Basso continuo, Corrente Allegro
11 D. Buxtehude, Choralvorspiel „Erhalt uns, Herr, bei deinem Wort", BuxWV Anh. 44
12 A. Vivaldi, Sonate d-Moll für Altblockflöte und Basso continuo, Adagio
13 A. Vivaldi, Sonate d-Moll für Altblockflöte und Basso continuo, Allegro
14 A. Vivaldi, Sonate d-Moll für Altblockflöte und Basso continuo, Largo, Allegro
15 E. Černyšev, Choralimprovisation über „Jauchzt, alle Lande, Gott zu Ehren"
16 G. F. Händel, Sonate C-Dur, op. 1, Nr. 7, für Altblockflöte und Basso continuo, Larghetto, Allegro
17 G. F. Händel, Sonate C-Dur, op. 1, Nr. 7, für Altblockflöte und Basso continuo, Larghetto, A tempo di Gavotti
18 G. F. Händel, Sonate C-Dur, op. 1, Nr. 7, für Altblockflöte und Basso continuo, Allegro
19 J. S. Bach, Choralvorspiel „Jesu, meine Freude", BWV 610
20 G. Ph. Telemann, Partita II G-Dur für Sopranblockflöte und Basso continuo, Siciliana

21 G. Ph. Telemann, Partita II G-Dur für Sopranblockflöte und Basso continuo, Aria 2, Allegro

22 G. Ph. Telemann, Partita II G-Dur für Sopranblockflöte und Basso continuo, Aria 4, Affettuoso

23 G. Ph. Telemann, Partita II G-Dur für Sopranblockflöte und Basso continuo, Aria 6, Tempo di Minue

24 D. Buxtehude, Choralvorspiel „In dulci jubilo", BuxWV 197

25 G. Ph. Telemann, Partita V e-Moll für Sopranblockflöte und Basso continuo, Andante

26 G. Ph. Telemann, Partita V e-Moll für Sopranblockflöte und Basso continuo, Aria 1, Vivace

27 G. Ph. Telemann, Partita V e-Moll für Sopranblockflöte und Basso continuo, Aria 2, Presto

28 G. Ph. Telemann, Partita V e-Moll für Sopranblockflöte und Basso continuo, Aria 3, Vivace; Aria 4, Siciliana

29 G. Ph. Telemann, Partita V e-Moll für Sopranblockflöte und Basso continuo, Aria 5, Vivace; Aria 6, Presto

Die Musizierenden

Dietmar Thönnes, Blockflöten
Elke Černyšev, Orgel
Alexander Mrowka, Violoncello

Die beiliegende CD wurde aufgenommen in der evangelischen Johanneskirche in Everswinkel. Unser besonderer Dank gilt der Orgelbaufirma Stockmann (Werl), deren wohlklingende Orgel uns für die Aufnahme zur Verfügung stand, sowie der Kirchengemeinde für ihre Gastfreundschaft.

Quellenverzeichnis

Seite 12, 27, 88, 114:
Mit Genehmigung des Radius-Verlags entnommen aus: Walter Jens, Die vier Evangelien. Matthäus, Markus, Lukas, Johannes. © 1998 by Radius-Verlag, Olgastraße 114, 70180 Stuttgart

Seite 20, 40, 48, 49, 60, 96, 104, 106:
Aus: Einheitsübersetzung der Heiligen Schrift, © 1980 Katholische Bibelanstalt, Stuttgart

Seite 38, 79:
Aus: Die Bibel oder die ganze Heilige Schrift des Alten und Neuen Testaments nach der Übersetzung Martin Luthers

Seite 65:
Aus: Nelly Sachs, Fahrt ins Staublose. Die Gedichte der Nelly Sachs, © Suhrkamp Verlag, Frankfurt am Main 1961

Seite 70, 120:
Aus: Das Neue Testament. Übers. v. Fridolin Stier. Aus dem Nachlass hrsg. v. Beck/Miller/Sitarz. © Kösel-Verlag, München / Patmos-Verlag, Düsseldorf 1989